국어 시간에 소설 써 봤니?

읽어 두기

* 이 책은 《국어 시간에 뭐 하니?》에 실린 '자라 온 이야기(성장소설)
  쓰기'를, 교실에서 바로 활용할 수 있도록 더욱 풍부한 사례와 함께
  정리해 펴냈습니다.
* 아이들이 쓴 글은 맞춤법에 따르지 않고 그대로 실었습니다.
  어떤 글에서 아이들 이름은 본디 이름이 아닙니다.

국어 시간에 소설 써 봤니?

구자행

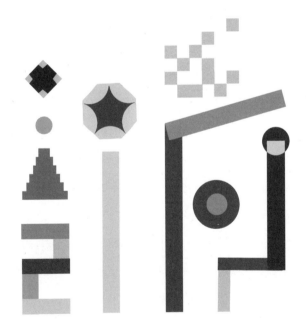

양철북

교사와 아이가
함께 자라는 성장 소설 쓰기

고등학교에서 아이들과 성장소설 쓰기를 한 지가 벌써 20년이 넘었다. 아이들 문집을 뒤져 보니 2000년 부산고등학교 학급 문집에 '자라 온 이야기' 꼭지가 있다. 그 뒤로 한 해도 거르지 않고 자라 온 이야기 쓰기를 해 왔다. 고3을 가르칠 때도 수행평가로 성장소설 쓰기를 했다. 그리고 여름방학과 겨울방학에 몇 번, 부산광역시교육청에서 여는 '서머스쿨'과 '윈터스쿨'에 글쓰기 강좌를 개설해, 부산 시내 전체 고등학교에서 글을 쓰고 싶어 찾아온 아이들하고도 성장소설 쓰기를 했다.

처음에는 보기글 몇 편 읽어 주고 우리도 써 보자, 하고 시작했다. 그러다가 아이들이 쓴 글을 읽고 나누면서 하나씩 가닥을 잡아 갔다. 그러니까 아이들 글에서 배운 셈이다. 정말이지 이제껏 소설 창작 이론책은 단 한 권도 읽은 적이 없다. 아이들 말과 아이들이 쓴 글에서 모두 배웠다.

또 하나 얘기하고 싶은 게 있다. 교실에서 아이들과 글쓰기를 재미나게 잘해 보려면 먼저 교사가 글을 써 보라고 권하고 싶다. 나는 시인도 소설가도 아니다. 전문 작가가 아니어도 함께 공부하는 글동무들과 교실일기 쓰기를 즐겨 한다. 내가 먼저 쓰다 보니까 아이들이 뭘 어려워하는지, 또 글을 쓰면 실제 어떤 변화가 있는지, 아이들한테 해 줄 말이 더 늘어난다.

우리가 아이들과 지내는 교실은 온갖 이야기가 쏟아져 나오는 이야기 곳간이다. 조금만 귀를 기울여 들어 보면, 정말 놓치고 싶지 않은 아이들 귀한 이야기를 보고 들을 수 있다. 그것을 붙잡아서 기록하라고 말하고 싶다. 삶을 가꾸는 글쓰기는 교사와 아이가 함께 성장하는 글쓰기다. 내가 쓴 짧은 글 한 편을 소개해 본다.

국어 수행평가로 서평 쓰기를 시켰다.
원고지를 인쇄해서 나눠 주었는데
예진이가 조심스럽게 사정한다.
"샘, 또 잃어버렸는데 한 장 더 주시면 안 돼요?"
지난 시간에도 한 장 받아 갔으니 벌써 석 장째다.
"예진이는 용지를 잃어버렸는데도 끝까지 포기하지 않는구나."

나도 웃으면서 받아 주었다.

그랬더니 옆에 앉은 지원이가 감탄사를 날렸다.

"우와! 역시 무한긍정남."

제목을 〈무한긍정남〉이라고 붙였다. 그 뒤로 한동안 내 별명이 무한긍정남이기도 했다. 처음에는 이렇게 짧게 쓰는 것이 좋다. 교사가 쓴 교실일기를 교실에 가서 아이들에게 읽어 주면, 교실에 생기가 도는 것을 바로 느낄 수 있을 것이다. 그러면 글 쓰는 일이 즐거워지고, 다른 일을 제쳐 두고 긴 글도 써 내려 가게 된다.

그리고 말하기 조심스럽지만, '성장소설 쓰기 아홉 마당' 사용 설명서를 일러두고 싶다. 조심스럽다고 한 것은 나는 이렇게 해서 되었지만, 다른 사람도 똑같이 잘되란 법은 없다. 그렇다고 판에 박은 듯이 따라 하는 것도 바라지 않는다. 다만 저마다 '삶을 가꾸는 글쓰기 교육'으로 나아가는 징검다리가 되었으면 좋겠다.

성장소설 쓰는 과정으로 모두 아홉 꼭지를 마련했다. 여덟 번째 '성장소설 쓰기' 마당을 빼고 모두 꼭지마다 글 뒤에 아이들이 쓴 글을 보기글로 실어 놓았다. 이 보기글을 잘 활용하라고 말하고 싶다. 그러니까 교사가 알고 있는 이론과 지식을 급하게 설명하려 하지 말고, 보기글을 같이 읽고 자유롭게 이야기 나누기를 먼저 하라는 말이다. 아이들은 이론으로 받아들이는 것보다 감으로 익히는 것 같다. 또래 친구들이 쓴 글을 읽고서, '아, 이렇게 쓰면 되겠네' 하고 금방 깨친다. 나는 산악자전거를 즐겨 탄다. 어른들은 자전거 기술 하나를 가지고 고수의 지도를 받아 가며 몇 달을 두고 꾸준히 연습해야 겨우 익힌다. 그런데 아이들은 어른들이 어려워서 끙끙대는 그 기술을 몇 번 눈여겨보고는 금방 따라 한다. 정말 놀랍다.

그 무엇보다 아이들이 성장소설 읽는 재미에 푹 빠져들게 이끌어 가는 게 중요하다. 글 읽는 것이 즐겁고, 읽고 이야기 나누는 것이 재미있다 보면, 저절로 쓰고 싶어진다. 그런 다음 서사문이 갖추어야 할 요건을 공부하면 좋겠다. 책을 읽어 보면, 한 꼭지마다 내가 힘주어 말해 놓은 서사문의 요건이 하나씩 있다. 말하자면, 서사문을 쓸 때 꼭 챙겨야 할 알맹이들이다. 보기글 가지고 활동하면서, 또는 활동을 하고 나서 잠시 짬을 내어 이 알맹이들을 말해 주면 도움이 될 것이다.

따로 차시 계획이나 수업 계획을 마련하지 않았다. 성장소설 쓰기가 국어 교과 시간에 곁들여서 하는 활동이라 차시 계획을 짜기는 쉽지 않다. 다만 성장소설 쓰기 아홉 마당, 이 차례를 수업 계획으로 삼으면 좋겠다. 막상 교실에서 글쓰기를 해 보면 머릿속으로 상상하던 것과는 영 딴판일 가능성이 높다. 하지만 교육은 속도가 아니라 방향이다. 교사가 머릿속에 어떤 그림을 그리고 있느냐가 중요하다. 이번 학기는 아이들과 성장 소설 쓰기를 하면서 지내 봐야지, 하고 교사가 마음을 내느냐, 내지 않느냐에 달렸다. 생각은 씨앗이고, 씨앗은 무한한 가능성을 지닌 생명이기에, 어떤 모습으로 자랄지 아무도 모른다. 아름드리 느티나무도 처음에는 아주 작은 떡잎에서 비롯하였고, 가느다란 개울물이 흐르고 흘러 실개천이 되고 시내가 되고 큰 강물이 되어 바다에까지 닿는다는 사실을 떠올리며, 실패를 두려워하지 말자.

나는 새 학년 3월과 4월 중순까지 국어 교과 시간에 10~15분가량 짬을 내서 한다. 수업 시작하고 바로 하면 좋다. 성장 소설 읽기 활동이 즐거우면 이어지는 본교과 활동에까지 좋은 영향을 미친다. 이렇게 하나씩 차례로 활동하다가 중간고사 치르고 한가한 날, 하루 날을 잡아 한 시간 쓴다. 대부분 한 시간에 다 못 쓴다. 그러면 다음 시간 전까지 마무리해서 내라고 한다. 이 활동으로 수행평가를 하면 좋다. 아이들의 글쓰기 의욕과 수행평가 만족도가 매우 높았다. 수행평가 요령은 8장에 자세하게 안내해 놓았다.

지난해는 1학년 국어를 맡았다. 코로나19로 입학식도 없이 구름방 수업(원격 수업)으로 아이들을 만났다. 교과서 공부에 앞서 성장소설을 하나씩 화면에 띄워 놓고 읽어 주었다. 읽고 나서 전체 대화방에서 이야기를 나누었다. 덕분에 나도 아이들도 국어 시간을 기다리게 되었다. 아이들 수업 반응을 들어 보면 얼마나 수업이 진지하면서도 신이 났는지 짐작할 수 있지 싶다.

» 이런 글을 읽고 소감을 말하는 수업을 한 경험이 없어서 되게 참신하고 재미있었다.

» 교과서 이외에 다른 걸로도 수업을 할 수 있어서 좋았다.

» 빡빡하게 교과서에 맞게 진도 나가는 것보다 지루하지 않고 친구들 이야기도 재미있어서 좋았습니다.

» 쌤 목소리가 정말 아름다워요. 귀에 착착 박히네요.

» 선생님의 달콤한 목소리가 상황을 몰입시켜서 제가 주인공이 된 거 같아용.

» 이야기를 읽으면서 자신의 생각과 남의 생각을 공유하는 게 참 신박했던 것 같아요.

» 남의 인생을 주제로 쓴 소설을 읽는 것이 마치 내가 그 사람이 된 것 같은 느낌이 들었다.

» 수업 짱 재미있어용. 앞으로 이런 수업 많이 부탁드려용.

» 앞으로 국어 시간에 안 잘 것 같습니다. 재밌었어요.

» 온라인 수업인데 정말 재밌었고 선배들이 소설 쓴 게 정말 멋있다. 나도 꼭 쓰고 싶다는 생각이 들었어요.

» 다음 국어 시간이 기대돼요.

나를 비행기 태우는 댓글들이 더 많았지만 오글려서 옮기지는 못하겠다. 본문 보기글 뒤에 그 글을 읽은 아이들 반응을 제법 많이 옮겨 놓았다. 그동안 교실 수업에서는 아이들 말을 듣고 그 자리에서 흘려보내고 말았는데, 이번에는 구름방 수업 덕분에 고스란히 담을 수 있었다. 아이들 말을 예사로 보아 넘기지 말고 눈여겨보았으면 한다. 아이들 댓글을 읽어 보면, 또래 아이들이 쓴 성장소설이 얼마나 좋은 교육 자료인지 절감할 수 있을 터이다. 거기서 한 걸음 더 나아가 자기 이야기를 써 보는 일은 교사와 아이 모두 정말 가슴 뛰는 일이 아닐 수 없다.

나는 성장소설 쓰기가 우리 국어 교육의 한 줄기로 또렷이 자리 잡았으면 좋겠다. 누구나 자라면서 힘든 시절이 있었고, 또 크고 작은 상처가 남아 있다. 자라 온 이야기 쓰기는 그 상처를 풀어 준다. 맺힌 마음의 상처를 치유하지 않고 덮어 두면 언젠가는 그 상처가 덧나기 마련이다. 세상에 마음을 닫고 자기 세계에 갇혀 살거나, 아니면 다른 사람한테 폭언이나 폭력으로 터져 나오기도 한다. 말하기 힘든 고통스런 상처라 하더라도 글로 풀어내고 나면, 자기도 모르게 용서하는 마음이 자라나고, 그것이 오히려 살아가는 힘이 되기도 하는 것 같다. 자라 온 이야기 쓰기는 아이들 마음을 자라게 하는 좋은 공부다.

자라 온 이야기의 주인공은 바로 아이들이다. 아이들은 자기가 주인공으로 등장하는 이야기를 쓰고 또 함께 나누면서, 자신과 자신의 삶이 귀한 줄 알게 된다. 말하자면 자기 존중감 같은 것이 생기는 것 같다. 우리 학교 교육은 공부를 하면 할수록 자기를 존중하기는커녕 끝없이 자기를 부정하게 만든다. 경쟁과 시험은 성공하는 몇 사람보다 훨씬 더 많은 탈락자를 만들어 낸다. 경쟁에서 밀린 수많은 아이들은 패배감에 주눅 들고, 이긴 아이들은 불확실한 미래를 위해 제 삶을 내맡긴다. 밀리거나 이기거나 제 삶의 주인으로 살지 못한다. 이런 우리 아이들이 제 삶의 주인으로 바로 서게 하는 공부가 글쓰기다.

여기에 보기글로 실은 아이들 글은 이제 시간이 제법 흐른 글들이다. 그렇더라도 아물지 않은 아픈 이야기를 어렵게 풀어낸 이야기라 내보이기 퍽 조심스럽다. 그래서 글 쓴 아이나 글에 나오는 아이 이름은 본디 이름을 숨겼고, 어떤 글은 학교 이름까지 가리기도 했다. 곳곳에 아이들 거친 말도 쓴 그대로 실었다.

차례

1

한 일만 늘어놓아서야
글이라 할 수 있을까?

‘쓰다’와 ‘적다’의 차이가 무엇일까?

국어 첫 시간이자 글쓰기 첫 시간에 내가 아이들에게 던지는 물음이다. 국어사전을 찾아보면 ‘쓰다’는 ‘~적는다’로, ‘적다’는 ‘~쓴다’로 돌려 막기 해 놓았다. 이걸 믿고 그대로 따를 수는 없는 노릇이다.

아이들은 다양한 답을 내놓는다. 빠른 시간에 쉽게 쓰는 건 적는 거고, 어렵게 오래 쓰면 쓰는 거라는 둥, 적는 건 메모 같은 거고 쓰는 건 작품이라는 둥, 보고 쓰면 적는 거고 안 보고 쓰면 쓰는 거라는 둥, 그러다가 얼마 안 가서 정답을 찾아낸다. 글에 담기는 정보가 바깥에서 들어온 것이면 적는 거고, 내 안에서 나온 것이면 쓰는 것이다.

그러면 한 아이가 꼭 딴지를 걸어온다.

“‘받아쓰기’는 선생님이 불러 주는 대로 적는 것인데, 어째서 '받아적기'라 하지 않고 '받아쓰기'라 합니까?"

기다렸던 물음이기에 반갑게 대답해 준다.

"날카로운 질문입니다. '내가 불러 줄 테니 부르는 대로 받아 적어라' 할 때도 있지요. 그렇지만 받아쓰기는 조금 달라요. 선생님이 [반니랑]이라 불러 주면, 아이들은 이걸 '받니랑'이라 적어야 할지, '바치랑'이라 적어야 할지, '밭이랑'이라 적어야 할지 고민 끝에 스스로 결정을 내려야 하지요. 시작은 바깥에서 들어왔지만, 최종 결정은 내 안에서 내려야 합니다. 그러니 '적기'가 아니고 '쓰기'지요."

이어서 다음 두 글의 차이가 무엇이냐고 물음을 던진다.

㉮ 밀양

오늘은 밀양에서 머리를 깎고 나서 라면하고 슈퍼타이를 사고 버스를 다원에서 내려서 할아버지의 오토바이를 타고 집으로 와서 텔레비전을 보고 나서 빵을 먹고 저녁밥을 먹고 잠을 잤다.

㉯ 우리 소

학교 마치고 나서 집에 와서 나는 소한테 갔다. 소의 털을 만져 봤다. 소털이 조금 부드러웠다. 또 꼬불꼬불했다. 소는 뿔을 자꾸 위로 올렸다. 소가 나를 바라봤다. 소 눈이 크고 순해 보였다. 나는 소가 밥 먹는 모습을 봤다. 소가 밥 먹는 모습이 우적우적 맛있게 먹었다.

이번에도 온갖 답을 내놓는다.

"㉮는 한 문장이고, ㉯는 여러 문장입니다."

"㉮는 자기 생각이 없고, ㉯는 자기 생각이 있어요."

"㉮는 자기가 본 것만 썼고, ㉯는 본 것과 생각한 것을 썼어요."

"㉮는 외부에 초점이 있고, ㉯는 내부에 초점이 있어요."

그러다가 기다리던 답이 나온다.

"㉮는 여러 가지 일을 나열했고, ㉯는 한 가지만 가지고 집중해서 팠어요."

그렇다. ㉯는 글이 되었는데 ㉮는 글이 되지 못했다. '쓰기'가 아니라 '적기' 수준에 머물렀다.

이것은 한국글쓰기교육연구회 이승희 선생의 글쓰기 지도 방법*인데 좋아서 나도 따라 한다. 일본에 하이타니 겐지로 선생도 이와 같은 방법으로 글쓰기 지도*를 했다. 꼭 그렇게 했는지는 알 수 없으나 《나는 선생님이 좋아요》란 소설에 '아다치' 선생이 이와 같이 두 글을 견주면서 글쓰기 지도하는 장면이 나온다. 그 보기글을 보여 주기도 한다.

㉢ 아침 7시에 일어났습니다. 날마다 운동회 연습을 하고 있
습니다. 오늘은 어머니를 따라 시장에 갔습니다. 아버지가
8시 30분에 돌아오셨습니다. 텔레비전을 보고 잤습니다.

㉣ 나는 학교에서 돌아오다가 공사장에서 불도저가 움직이
는 것을 구경했습니다. 불도저에 치이면 호떡처럼 납작
해지겠지, 하고 생각했습니다. 불도저가 멈추었을 때 발
을 바퀴 자국에 대어 보니 뜨거웠습니다. 나는 왜 뜨거울
까 생각했습니다. 전깃줄도 달려 있지 않은데 참 이상했습
니다.

아다치 선생은 ㉢와 ㉣ 두 글을 인쇄해서 나눠 주고는 아
이보고 하나씩 소리 내어 읽어 보라고 한다. 그러고는 칠판에
다음과 같이 썼다.

【 한 것, 본 것, 느낀 것, 생각한 것, 말한 것, 들은 것 】

아이들에게 두 글을 다시 읽어 내려가면서, '한 것'에는 ×

표시를 하고 나머지에는 모두 ○표시를 하라고 한다. 결과는 이렇게 나왔다. ㉯글은 모두 ×표가 붙었고, ㉰글은 모두 ○표가 붙었다.

"아까 내가 글을 쓸 때, 나쁜 녀석을 다 쫓아내면 좋은 글이 된다고 했지? ㉯는 나쁜 녀석을 쫓아내니까 글이 다 지워져 버리잖아. 이따위 글을 쓰느니 집에서 낮잠이나 자는 게 낫다. 이런 말씀이야."

그러면서 이렇게 덧붙인다.

"이 세상에는 좋은 녀석도 있고 나쁜 녀석도 있다. 나쁜 녀석이 있기 때문에 좋은 녀석이 돋보이는 거다. 글도 마찬가지로, 좋은 녀석만으로는 맛이 나지 않는다. 사이사이에 나쁜 녀석을 싹싹 끼워 넣으면 맛있는 글이 된다."

쓰기 싫은 일기를 억지로 쓰라고 하거나, 글쓰기 지도를 전혀 하지 않고 글을 쓰게 하면, 대다수 아이들은 ㉮와 ㉯처럼 글을 쓴다. 한 일만 쭈욱 늘어놓아서는 글을 썼다고 할 수 없다. 글을 썼다기보다는 한 일을 적기만 했다고 봐야 옳다. 한 반 아이들이 다 같이 바깥 활동을 하고 글을 썼는데, 아이들 글이 서로 비슷하게 닮았다면 글쓰기 지도가 제대로 안 된 것이다. 한 가지 일을 붙잡고서 저마다 본 것, 느낀 것, 엿들은 말, 주고받은 말, 속으로 중얼거렸던 말 따위를 환하게 펼쳐 보여야 비로

소 글을 제대로 썼다고 말할 수 있겠다.

　이렇게 활동하고 나면 아이들은 글이 무엇인지, 어떻게 써야 글이 되는지 감을 잡는다. 나도 쓸 수 있겠구나 마음먹은 듯, 눈이 빛나는 아이들이 몇 보인다. 이때, 다음 보기글 세 편을 읽어 준다. 이 보기글을 가지고 한 시간 끝날 때까지 논다.

다음 글 세 편은 한 가지 일을 가지고 또렷하게 펼쳐서 쓴 글이다. 이 가운데 자기 마음에 크게 와닿는 글 하나를 고르고, 그 글에 대해 하고 싶은 말을 자유롭게 해 보자. "재미있다" "공감이 간다" "감동이다" 이렇게 말하지 말고, 어디가 어떻게 재미있었는지, 왜 공감을 느꼈는지, 무엇이 감동이었는지, 또렷하게 펼쳐서 이야기해 보자.

첫사랑

문현여고 3학년 김선아

꿈에 그리던 교복을 입어 너무나 신이 나고 설레는 중학교 입학식이었다.

처음 보는 친구들과 무서운 선배들, 모든 게 설레고 무서웠다. 반 배정된 교실로 들어왔는데 2, 3학년 언니와 오빠 들이 돌아다니면서 우리 학년 일진으로 보이는 애들한테 뭐라 말하고 다녔다. 생각보다 무서운 분위기는 아니었고 어수선하기만 했다. 화장 진하게 한 언니들은 여자애들을 은근히 의식하며, 남자애들한테 "인사하구 다녀!" 이러면서 돌아다니고, 오빠들은 우리보다 덩치가 훨씬 컸는데 딱히 욕을 하진 않아도 충분히 무서웠다. 애들도 좀 쫄아 있는 걸 보니 나만 그런 건 아니구나 싶었다. 겉으론 화기애애해 보이지만 은근한 선배부심이라

해야 하나, 깝치지 말라는 무언의 압박이 맴돌았다.

나는 재빨리 자리 위치를 확인하러 갔다. 빨리 선생님이 와서 이 사람들이 좀 나가 주었으면 했다. 근데 이게 웬걸, 내 자리 옆은 아무 번호도 없었다. 즉, 혼자란 말이다. 빨리 애들이랑 친해지고 싶은데 나만 혼자 뒷자리에 쓸쓸히 앉아 있었다. 왕따 같았다. 그때였다.

내 옆자리에 누가 걸터앉는 것이었다. 뭐지? 하고 옆을 봤는데 3학년 선배들과 인사하던 애들 중 하나인 남자아이였다. 딱 봐도 껄렁해 보이고 소위 일진? 말하기는 웃기지만 제일 키 크고 제일 잘생겼다. 선배들과 웃으면서 장난도 치는 걸 보니 친화력도 좋아 보였다.

내가 옆에 있는 걸 아는지 모르는지 남자아이들하고 얘기를 하고 있었다. 그 아이는 갈색 머리가 눈에 튀었다. 시간이 지나고 그제서야 내가 있는 줄 눈치를 챘는지 소심한 척 날 돌아보았다.

"안녕?"

난 그 인사를 무시하였는데 사실 오줌 지릴 것 같았다.

내가 반응을 안 하니까 오기가 생긴 것 같았다.

"안녕? 안녕? 안녕?"

물론 장난식이었지만 내 대답을 꼭 듣고 말겠다는 투였다.

나도 지쳐서 "왜?" 하고 고개를 돌려 개를 보았다. 순간 가슴이 쿵꽝쿵꽝 뛰었다. 개는 책상에 턱을 괴고 나를 그윽하게 쳐다보고 있었다.

"왜 자꾸 날 피해? 왜 내 눈 못 마주쳐?"

능글맞았지만 참 잘생겼다.

"그런 거 아니거든."

수업 종이 치고 선생님이 들어오셨다. 아쉽게도 그 아이는 자기 자리로 갔고, 길고 길 것 같은 하루가 눈 깜박할 사이에 지났다. 이상하게 그 아이가 자꾸 생각나 미칠 것 같았다.

시간이 지나고 토요일 밤이었다. 이제 학교 적응도 되어 가고, 친구들도 새로 사귀고, 다 좋지만 그날 이후로 도통 그 아이와 얘기할 시간이 없다는 것이다. 괜히 뭐 하다가도, 아! 그날에 내가 못생겨 보였나? 내가 너무 쌀쌀맞았나? 가까이서 보면 더 못생겨 보였을 텐데 정 떨어졌나? 쓸데없는 걱정을 하다가도 그 아이의 눈빛에 다시 설레고, 혼자서 웃고 솔직히 정신이 상자 같았다.

여느 때같이 오늘도 터덜터덜 집 걸어가고 있는데 앞에 어떤 내 또래 남자 둘이 걸어오는 게 보였다.

'어, 우리 학교 교복인데? 근데 오늘은 주말이잖아. 뭐지?'

점점 얼굴 형체가 뚜렷해지자, 헐! 그 아이다. 너무 당황해

서 멍하니 서서 보고 있는데 그 아이도 마찬가지였는지,

"어! 김선아?"

긴 다리로 성큼성큼 오더니 내 머리를 쓰다듬는 것이었다.

"야! 추운데 옷이 이게 뭔데."

그러면서 내 후드 지퍼를 올려 주는 것이다. 가슴이 터질 것 같아 죽겠는데 2연타를 쳤다.

그때 나는 이어폰을 끼고 노래를 듣고 있었다. 걔가 내 왼쪽 귀에 이어폰을 빼서 자기 귀에 꽂았다. 키 차이가 나서 그런지 걔가 내 눈높이에 맞춰서 수그려 주었다.

"노래 이런 거 듣냐?"

"어. 응? ㅋㅋ 아! 이 노래 개좋음."

얘 얼굴이 바로 내 얼굴 앞이었는데 누가 뒤에서 한 대 치면 뽀뽀할 거 같았다. 누가 한 대 쳐 주지 싶었다. 가까이 있어서 몸에서 냄새도 났는데 섬유유연제 냄새가 나서 내 가슴을 더 떨리게 했다.

얘가 다시 이어폰을 내 목에 걸어 주고 눈웃음을 치면서 나를 바라보았다.

"야! 근데 너 이래 보니까 키 완전 작네. 귀엽다. ㅋㅋㅋ"

얘가 미쳤나 싶었다.

그러곤 내 어깨를 툭툭 치고는 다시 친구랑 걸어갔다. 너

무 뺑쩌서 걔가 걸어 준 이어폰만 만지작거렸다.

그 뒤로도 학교에서 분위기가 좋았지만, 걔는 같은 학년 친구와 싸워 강제 전학을 갔다. 지금도 페북으로 근황을 엿볼 수 있지만 선뜻 말을 걸지는 못하겠다. 여자 친구도 있는 거 같고. 뭐 추억으로 남기는 것도 좋지. 그래도 막 사춘기 시절 나한테 첫사랑을 안겨 준 아이는 너밖에 없었다.

잘 지내냐? 화빈아. 2016년 4월 23일

» 90년대 인소 느낌 나요. 주말에 교복을 입고 길거리를 걸어 다닌다는 게 약간 이상했고, 머리 쓰다듬어 주는 거와 지퍼 올려 주는 것과 이어폰 듣는 거 보고 설레다가 강제 전학 갔다길래 바로 깼어요.

» 학교 밖에서 아는 척해 주는 게 설렜고 키 차이에 두 번 설렜습니다.

» 저한테는 있을 수 없는 일 같아서 슬프긴 한데 글쓴이에게 잘해 주고 챙겨 주는 남자애의 행동이 설레고 재밌었습니다.

» 대화 말투가 너무 재미있고 공감이 가요. 읽으면서 글쓴이가 조금 부러웠습니다.

» 이 이야기를 들으니 심장이 쿠쿠쿠쿠쿠쿵 뛴다. 눈높이

에 맞춰 주고 쓰다듬어 주고 후드 지퍼 올려 주는 게 설렜어요.

» 진짜 있을 내용 같아서 현실감이 있었어요. 마지막 문장 "잘 지내냐? 화빈아"가 가장 인상적이었어요.

» "그래도 막 사춘기 시절 나한테 첫사랑을 안겨 준 아이는 너밖에 없었다"라는 말이 기억에 남습니다. 직접 겪지 않았는데도 진짜 겪은 것같이 생생하게 잘 표현한 것 같습니다.

» 이야기처럼 이런 일이 일어나면 좋겠다. 현실에서 일어날 수 없다고 생각한 내용이라서 소설 같았다.

» 중학교 처음 들어갔을 때 뭔가 이런 상황을 꿈꿨는데 없어서 슬픕니다.

» 중1 사춘기가 막 시작되었을 때 그렇게 썸 아닌 썸을 타는 장면이 풋풋하면서도 간질거려요.

» 중학교 새 학기의 풋풋한 감정이 너무 좋네요. 후드 지퍼를 올려 주는 장면에서 심쿵했습니다.

» 단순 일상이지만 되게 긴장감 있는 전개로 일상을 표현한 것이 인상적이다.

» 입학의 설렘과 첫사랑의 설렘이 잘 느껴져 나까지 설레는 기분이 느껴졌다.

» 머리 쓰다듬는 장면이 너무 달달해요. 주인공이 느꼈던 설렘이 저에게도 전해진 것 같습니다.

» 이어폰 자기 귀에 꽂고 눈높이 맞춰 준 게 너무 설레요. 이런 사람 내 옆에도 있었으면 좋겠다.

그 시절 너에게
문현여고 3학년 이서영

요즘 날씨가 풀리고 바람이 선선하게 불어와. 그때가 딱 10년 전 이맘때였지? 음, 뭐부터 말해야 할까. 하고 싶은 말이 정말 많은데. 초등학교 2학년 같은 반으로 만났을 때 솔직히 잘 기억 안 나. 그냥 어느 순간 친해져서 같은 음악 학원을 다니고 학교에서 함께 놀곤 했었는데. 그렇게 놀다가 내가 처음 너네 집을 가 봤을 때, 너네 둘은 2층짜리 빌라 같은 곳에서 살고 있었잖아. 집 문은 불투명한 유리가 달린 문이었어. 열 때마다 끼익, 끼익 소리 나는. 이 문은 나에게 엄청 생소했어. 그래서였던 건지 실컷 놀고 4시쯤 집 갈려고 나가는데 문을 못 열겠어. 한 다섯 번 시도 끝에도 안 열리길래 너네에게 도움을 청했어. 열어 달라고. 그런데 그때 너네는 내가 문을 못 열고 낑낑거리는 걸 보며 즐거워했지. 너네가 문을 열어 주지 않고 나도 문을 못 열어서 집에 못 간단 생각에 울었는데 너넨 그걸 보고 더 좋아했어. 우여곡절 끝에 겨우 그 집에서 나왔어. 그게 앞으로 일의 복선이었을까.

그다음 번엔 너네 집 근처 놀이터를 갔어. 모래사장과 미끄럼틀을 넘나들며 놀고 있을 때 너네가 눈 감고 100초를 세렸지. 신발을 벗고 미끄럼틀 위에서 두근거리는 맘으로 '하나, 둘, 셋……'을 셌어. 세면서 생각한 게 '뭐 하려는 걸까?' 하는 기대와 불안감을 안고 드디어 100초를 다 셌을 때, 눈을 뜨니 내 주위엔 미끄럼틀과 모래 말곤 아무것도 없었어. 내 신발까지. 처음엔 엄청 당황했어. 일단 신발을 찾아야 하는데 보이지 않아 난 또 그 자리에서 울었어. 낯선 곳에 나 혼자 남아 신발이 없어 오고 가지 못하는 게 서럽고 무서웠거든. 그러다 문득 고개를 들어 좀 떨어진 곳 난간 위를 보니 너네가 그때처럼 웃고 있더라. 난 너네가 있는 곳으로 갈 수 없었어. 신발이 없었거든. 뭔가 보이지 않는 무언가가 우리 사이를 막은 듯. 그쪽은 너무 멀고 갈 수 없는 곳으로 느껴졌어. 그렇게 눈이 마주치고 너네가 신발은 모래 속에 있다고 하고 가 버렸어. 그 뒤로 난 펑펑 울면서 신발을 찾았어. 오죽하면 지나가던 아저씨가 왜 그러냐고 물어보실 정도였으니. 30분 정도 모래 사이를 헤집어 봤을까.

신발을 찾고 털고 신고 집으로 갔어. 그날 우리 현관에 모래가 많이 떨어져 있었지.

그리고 여름이었어. 그날은 무척 더웠던 게 기억나. 내가 그런 일들을 겪고도 왜 같이 놀았는지 궁금해. 어쨌든 그날도 너네 집을 갔었지. 그날은 너네 언니도 있었어. 너네 언니가 장난 전화를 하자고 하고는 능숙하게 어디론가 전화를 걸었어. 셋이서 돌아가며 말을 하고 나한테까지 주더라. 난 하기 싫다 했어. 나쁜 짓인 걸 아니까. 아무 말도 안 하는 내 입에다 대고 귀에다 댔어. 나는 아무 말도 하지 않았어. 전화가 끊기고 5분쯤 뒤 어떤 언니와 동생이 찾아왔어. 너네가 장난 전화해서 아빠가 집을 나갔다고 하면서 말야. 어떻게 전화를 걸면 아랫집 사람이 걸리고 아랫집 사람이 여긴 줄 알고 찾아오는 걸까? 그리곤 다짜고짜 돈을 달래. 아무 말도 하지 않은 나한테. 난 정말 나 때문에 아버지께서 집을 나가신 줄 알고 그대로 모두를 우리 집으로 데려갔어. 그리고 안방에 있는 내 통장에 접혀 끼워진 오천 원을 몰래 언니만 불러 미안하다고 사과하고 줬어. 그때 그 언니 얼굴이 구겨진 오천 원과 다르게 쫙 펴졌어. 마치 화사한 꽃이 피듯이. 그리고 다들 집으로 돌아가고 우리 집은 폭풍이 지나간 것처럼 고요했지. 그 뒤론 기억이 안 나. 난 병신같이 너네랑 또 놀았을까?

아, 그 일이 있고 며칠 뒤 학원을 마치고 집으로 갔는데 옥상이 시끄럽더라. 난 직감으로 너네인 줄 알았어. 숨을 죽이고 도어락을 열어 비밀번호를 치고 집으로 들어갔어. 집으로 들어가니 아파서 쉬고 계신 고모가 아까 집 도어락 비번이 계속 틀리는 소리가 들렸다고 그랬어. 저번에 우리 집에 왔을 때 도어락 비번을 봤었니? 그때 난 너무 무서웠어. 너네가 내가 온 걸 알고 다시 초인종을 누를까 봐. 하지만 걱정과 달리 조금 놀다가 서로 집을 가더라. 난 베란다로 너네가 돌아가는 걸 몰래 지켜보고 안심했어. 그 뒤로 너네랑 안 놀았던 것 같아.

그리고 5년이 흘러 중학교에 입학했을 때 너와 너의 언니를 만났어. 넌 나랑 말도 안 하고 지냈고, 너의 언닌 날 기억 못 하는지 우리 오빠가 경수 맞냐고 물어봤었지. 아, 다른 앤 지나가다 마주치면 인사하더라. 그때마다 마음이 싱숭생숭했어. 그리고 돈 받아 간 언닌 어떻게 살고 있는지 궁금해. 대학을 갔다면 졸업할 나이인데. 너와 니 언닌 어떻게 지내니? 혹시 이 일들을 나만 기억하는 거니? 매번 생각해. 그때 내가 강하게 나갔어야 했던 걸까? 울음을 참아야 했던 걸까? 뭐 이젠 부질없는 일이지만. 말이 많았지. 더 하고 싶은 말이 많지만 이만 줄일게. 차마 잘 지내란 소린 못 하겠다. 그럼 이만. 2016년 4월 23일

» 처음엔 앞에 〈첫사랑〉처럼 사랑 소설 같은 것인 줄 알았는데, 끝까지 다 들어 보니 진짜 너무 소름이 끼치고, 진짜 글쓴이가 너무 불쌍한 것 같았다. 나는 그런 친구가 있으면 바로 연을 끊고 만나기 싫을 것 같다. 신발을 찾는 장면은 정말 말로 설명할 수 없을 정도로 슬프다.

» 주인공이 강하게 나간 적이 없었다는 점이 아쉽고, 괴롭히는 행동을 재밌어하는 친구의 모습이 화가 나고, 나였으면 싸우고도 남았을 것 같은데 글쓴이는 착하다는 생각이 들었다.

» 어린 나이에 너무 짓궂은 행동을 했다고 느꼈습니다. 글을 읽는 내내 기분이 안 좋았습니다.

» 이야기를 담담하게 했지만 그 당시에 저라면 진짜 무서웠을 것 같습니다. 그 아이들은 평생 죄책감을 느끼고 반성하면서 살아야 한다고 생각합니다.

» 언니와 친구들이 못됐고 커서 꼭 주인공에게 사과했으면 좋겠다.

» 그렇게 당했으면서도 같이 놀았다는 게 주인공이 바보 같고 착하다.

» 글쓴이가 옛날 일을 자세히 쓸 정도로 상처받고 잊지 못했다는 게 안타까워요.

》 아이들이 괴롭히는 행동을 보고 몹시 화가 났고 글쓴이가 담담하게 말하는 모습에 안타까웠고 슬펐습니다.

》 "차마 잘 지내란 소린 못 하겠다"라는 글쓴이의 말에 당시의 기억이 지금도 그를 많이 괴롭힌다는 게 느껴져서 가해자도 평생 괴로웠으면 좋겠어요.

》 울면서 30분 동안 신발을 찾는 주인공이 너무 불쌍해 보이고 속상하다.

》 도어락 비번 칠라고 시도했다는 대목 보니까 소름이 돋아요.

》 잘못된 걸 알지만 그만하라고 말을 못 하는 용기 없는 주인공이 꼭 나 같아서 공감이 간다.

》 글쓴이가 안 좋은 일을 겪어 커서도 잊지 못하고 마음에 박혀 있는데 친구들은 커서 까먹는다는 게 화나요.

》 글쓴이가 답답하긴 하지만 여러 가지 힘든 일들을 겪어온 글쓴이를 위로해 주고 싶다. 가해자도 나중에 자신이 한 모든 잘못을 돌려받았으면 좋겠다.

》 괴롭혔던 친구의 이름 대신 "너"라고 말하는 것에서 주인공의 분노를 느낄 수 있었다.

내 일기장

○○고 1학년 서혜인

우리 아빠는 완벽주의자였다. 굳이 과거형을 쓴 이유는 지금은 안 그런 게 아니라 좀 덜해서이다.

초등학교 4학년 때였다.

학교에서 일기를 쓰라고 시켰다. 난 일기 쓰는 걸 좋아했다. 친구랑 싸운 일 따위를 쓰면 선생님이 위로와 격려하는 말을 선생님 말씀 칸에 적어 주셨기 때문이다. 그래도 집에서 아빠한테 혼난 일 따위는 쓰지 않았다. 영어 단어를 안 외우고, 중국어 단어를 안 외우고, 한자도 안 외우고, 수학 문제를 안 풀어서 매를 맞고 속옷 바람으로 집에서 쫓겨나는 일 같은 걸 썼다가는 선생님도 나를 게으르다고 생각할 것 같아서였다.

그러다 딱 한 번, 우리 아빠가 참 싫다고 썼다. 아마 이런 내용이었던 것 같다.

'아빠는 나한테 너무 많은 걸 바라는 것 같다. 나는 다 못할 것 같댔는데 아빠는 다 할 수 있다고 했다. 아빠는 나한테 강요만 한다. 왜 아빠는 아빠의 의견만 옳다고 생각할까? 그런 아빠가 이해가 안 된다.'

지금 생각하면 너무 유치하지만 그건 내 나름의 SOS 신호였다. 선생님이라도 알아줘요 하는. 선생님은 '아버지께서 혜인이 말을 안 들어 주어서 섭섭했구나. 그래도 혜인이 아버지는 혜인이를 사랑한단다' 해 주셨다. 마음에 썩 들지는 않았지만 선생님 말씀대로 아빠가 나를 생각해 주어서 그런 거니 내가 이해해야지 뭐, 하고 생각했다. 아주 소심한 내 반항은 그렇게 끝나는 듯했다.

그런데 어느 날이었다. 토요일인가 일요일인가 휴일이었는데 아빠가 날 불렀다. 나는 당연히 갔다. 가자마자 뺨을 맞았다. 딱 뺨을 때렸다긴 뭐한 게, 나는 작았고 아빠 손은 그에 비해 컸기 때문에 얼굴 반쪽을 그대로 얻어맞았던 것이다.

나는 크게 휘청했다. 뺨과 머리에 진동이 울렸다. 열이 홧홧하게 올랐다. 영문을 몰라 아빠를 쳐다보니 아빠 손에 내 일기장이 쥐여 있었다. 봤구나. 화가 났다. 그래도 가만히 있었다.

"그래 싫더나?"

목소리가 퍽 다정했다.

아빠 얼굴을 힐끔 보니 웃고 있었다.

얼굴을 때린 게 웃긴 일인가. 아니면 한순간 감정을 주체 못해 날린 손이 머쓱해서 그런 건가. 나는 가만히 있었다.

"니 일기장 봤는데, 아빠가 니 중국어 시켜 주고, 영어 학원 보내 주고 하는 게 그래 싫더나?"

수업이 싫지는 않았다. 단지 집에 오면 여섯 시고, 중국어 과외는 아홉 시에서 열한 시까지 하는데 여섯 시에서 아홉 시까지 그 두 시간을 마음대로 두지 않는 아빠가 야속했을 뿐인데.

나는 고개를 저었다.

"그래, 가 봐라."

문득 의문이 들었다. 왜 아빠는 내 일기장을 마음대로 봤는데, 왜 사과를 하지 않지? 내가 꽁꽁 숨겨 놨다고 생각한 내 이야기가 저렇게 쉽게 보여질 줄 상상도 못 했던 나는 왠지 모를 설움이 들었다. 일기장은 나만의 이야기가 아니었구나.

며칠 뒤였다. 나는 그때도 수학을 잘 못했다. 집에서 문제집을 풀다가 틀리는 게 한두 번이 아니라서 아빠가 소매를 걷어붙이고 나를 가르쳐 주셨다. 그때 범위가 분수의 덧셈과 뺄셈이었는데, 아빠는 곱셈 나눗셈을 가르쳐 주셨다. 통분하는 게 재미는 있었다. 그렇지만 초반에 이해하지 못하자 아빠가 머리를 세게 쥐어박았다. 또 머리가 휘청했다. 머리가 찡하고 눈도 찡했다. 내가 멍청한 것 같아서 슬펐다. 그리고 그날 일기를 쓰려고 책상에 앉았을 때 망설였다.

'아빠가 또 내 일기를 읽는 게 아닐까?'

나는 아빠가 내 머리를 때려서 섭섭했던 일을 쓰고 싶었다. 내 머리를 때리고 웃으면서 이해력이 나쁘다고 한 그 얘기를 쓰고 싶었다. 그런데 나는 그렇게 쓰지 않기로 마음먹었다.

'아빠가 분수 나눗셈을 가르쳐 주셨다. 내가 이해를 못 해서 나를 혼내셨지만 아빠가 재미있게 가르쳐 주어서 고마웠다. 이해가 안 되는 나한테 계속 가르쳐 주었다. 아빠는 좋은 선생님인 것 같다.'

내가 진짜 멍청한 애가 된 것 같았다. '그건 사실이지만 세계에서 제일 큰 거짓말을 한 애가 된 것 같아' 하는 생각이 들었지만 그냥 일기장을 덮었다.

지금 생각하면 뭐 그리 대순가.

그 다음다음 날, 아빠가 날 불렀다. 당연히 갔다.

"왜요?"

아빠는 웃고 있었다.

"재밌더나?"

아빠 손에 내 일기장이 들려 있었다.

웃음이 나면서 눈물이 났다. '왜 그러는 거예요?' 말이 목 아래서 웅웅댔지만 난 속삭이듯 울렁거리는 목소리로 "네" 했다.

"다음에도 할까? 수업."

"네."

손을 뻗었다. 아빠가 일기장을 건네주셨다. 나는 웃으면서 받았다. 팔이 흔들, 흔들, 흔들…… 로봇 같았다.

나는 내 방에 들어가 문을 살짝 닫았다. 책상에 앉아서 일기장을 폈다.

'혜인이는 좋은 아버지를 두었구나.'

선생님 말씀.

나는 책상에 엎드렸다. 더 이상 내 일기장은 없는 것 같았다. 2013년 4월 10일

>> 글을 읽으면서 글 세 편이 다 다른 내용이라서 되게 신기했고, 선생님께서 읽어 주셔서 상상이 가능했고, 무엇보다도 진짜 내가 한 편 읽게 될 줄은 몰랐는데 읽게 되어서 당황했지만 그래도 재밌어서 좋았다.

>> 완벽주의자이신 어버지가 너무하다고 생각이 들었고 딸의 일기가 사라져 버린 것이 마음 아프다.

>> 저게 사랑을 하는 건지 자신의 소유물이라고 생각하는 건지 보는 내내 화가 났다.

>> 지금이라도 아버지가 이 글을 읽는다면 사과해야 한다고 생각한다.

>> 마지막에 더 이상 내 일기장이 없는 거 같다는 말이 너무

슬프다.

» 자신의 사생활을 적는 일기장인데 멋대로 보는 아빠 때문에 자유롭게 적지 못하였던 게 안타깝다.

» 아버지가 초4인 아이에게 바라는 게 많으신 것 같았고, 그것으로 주인공이 마음의 상처를 입은 게 불쌍해 보였습니다.

» 자식이라도 서로의 사생활을 지켜 줘야 한다는 생각이 들었고, 자신의 생각을 말하지 못했던 주인공 심정이 가여웠다.

» 아버지가 아이에게 너무 모질게 대해 내가 다 안타깝다고 느꼈다.

» 초등학교 4학년 시절 겪은 일을 아직도 기억할 정도로 상처받은 주인공이 너무 안쓰럽다.

» 자신의 고민을 털어놓을 유일한 일기장마저 간섭받게 된 것이 너무 안타까웠다.

» 저는 어릴 때 부모님께 일기장을 보여 주지도 않았고, 보여 달라고 강요당하지도 않았는데, 아버지가 너무 자기 자식이라고 막 대한 거 같아서 화났다.

» "더 이상 내 일기장은 없는 것 같았다"라는 주인공의 말에서 더 이상의 동심과 순수함을 찾아볼 수 없을 것 같아 안

타까웠고, 아이의 말을 들어 주지 않는 이 사회의 어른들을 비판하는 글 같다.

» "더 이상 내 일기장은 없는 것 같았다" 이게 제일 인상 깊어요. 자기가 힘들었던 걸 일기장에 적어서 선생님에게라도 위로받고 싶었을 텐데 아버지가 볼까 봐 적을 수도 없는 그 심정이 연상이 되고 글쓴이가 어린 나이에 꽤나 충격을 많이 받았을 것 같아서 안타까워요.

2

언제, 어디서
일어난 일인가?

이야기글을 쓸 때 놓쳐서는 안 되는 것이 때와 장소이다. '언제, 어디서'가 빠지면 이야기가 되지 못한다. 이야기란 무슨 사건이 일어났는가를 전달하는 담화 양식이고, 이때 사건이란 인물이 겪는 상황의 변화를 가리킨다.* 상황의 변화는 언제나 시간의 흐름 속에서 펼쳐지는 일이고, 또 특정한 공간 속에서 벌어지는 일이다. 특히 언제 벌어진 일인지 때를 놓치면 이야기글이 되지 못하고 설명하는 글로 흐르기 쉽다. 그러니까 설명이나 논증이나 묘사는 시간과 공간이 드러나지 않아도 상관없지만, 서사는 언제 어디서 일어난 일인지, 시간과 공간을 반드시 서술해야 한다. 그래야만 서사문이 된다.

아래 보기로 든 글 ㉮는 중학교 3학년 때 일을 썼는데 일이 일어난 때를 또렷하게 밝히지 못했다. 봄인지 여름인지, 월요일인지 화요일인지, 아침인지 저녁인지 알 수가 없다. 언제

일어난 일인지 밝혀 쓰지 않고 "맨날맨날"이라고 하여 늘 있던 일로 싸잡아 말했다. 그러니 이야기를 하나하나 풀지 못하고 한 해 동안 있었던 일을 뭉뚱그려 설명하는 꼴이 되고 말았다. 그런가 하면 ⑭는 일이 일어난 때가 또렷하다. 한창 고입 실기 준비를 하던 때, 아침 여덟 시가 지날 무렵 할머니가 돌아가셨다는 말을 어머니한테 들었다.

㉮ 나는 내 친구와 음악 선생님 추천으로 음악실 청소를 하게 되었다. 음악실에 들어가자마자 쓰레기가 나뒹구는 게 보였고, 커튼 색도 어두운 파란색이라 불을 켜 놓지 않으면 귀신이 나올 거만 같았다. 그런데 그런 귀신보다 무서운 '변쌤'이 계신다. 음악 선생님은 우리들 사이에서 '변쌤'으로 불린다. 변쌤은 변쌤이라 부르지 말고 변○○ 쌤이라 부르라고 하지만, 우리들은 뭔가가 이름과 얼굴이 매치가 되어서 그렇게 부른다.

내 친구와 나는 맨날맨날 지하에 있는 음악실에 가서 깨끗이 청소를 하는데도 변쌤은,

"3학년 6반 음악실 청소 나와 봐라" 하신다.

불러 놓고 하시는 말씀이

"너희들 음악실 청소 안 하제? 음악실 너무 더럽다" 하

46

신다.

내 친구가

"아침마다 맨날 청소했는데요?" 하면

"어디서 말대꾸고, 말대꾸야!"

하시곤 바로 꿀밤이 세 대씩 날아온다.

이 억울함을 아무리 호소하고 얘기해 봤자 들어 주시지 않는 변쌤이다. 그러시고는 마지막에

"너희들 한 번만 더 깨끗이 안 해 놓으면 딴 애들로 바꿔 버린다" 하고 자신의 말만 하고 가 버리는 변쌤.

아마 변쌤의 통치 아래 청소를 했던 모든 아이들은 다 이런 억울하고 분한 감정을 느껴 보았을 것이다. 그렇게 사소한 더러움도 용납 안 하시는 변쌤 덕분에 길어 보였던 1년 음악실 청소를 더 열심히 했는지도 모른다. _{연제고 1학년}

이유진 〈변쌤〉의 한 대목

㉯ 만두야. 그날은 언제나와 같은 아침이었어. 간만에 동생이랑 같이 잤지. 한창 고입 실기 준비를 할 때라 피곤해서 아침잠 5분이 아쉬웠던 때였어. 엄마가 흔들어서 깨웠던 것 같은데 잘 기억나지는 않아.

시계를 보니 8시가 넘어가고 있었던 것 같아. 아, 완벽하게

지각이다 하는 생각을 했던 기억이 나. 그런 게 그런 것치고는 엄마는 아주 차분했어. 지금 생각하면 그때부터 그날은 정말 비정상적이고 비상식적인 날이 돼 버린 것 같아. 엄마는 조용히 말했어. 아니, 아주 조용하고 차분했던 느낌만 기억이 나지만 어쨌든 말했어.

할머니가 돌아가셨다고. 부산예술고 1학년 정다영 〈편지 왔어요〉의 한 대목

아래 글에서는 밑줄 친 대목을 눈여겨볼 만하다. '문'이 아니라 "18번이라고 적혀 있는 문"이라고 했다. 이 대목을 읽어 줄 때 아이들에게 물어본다. 그냥 '문'이라고 했을 때와 "18번이라고 적혀 있는 문"이라고 할 때 느낌이 어떻게 다른지. 아이들 반응을 들어 보면, 그 장면이 생생하게 상상이 되면서 이야기 속으로 빨려 들어가 몰입이 잘되고, 마치 자기가 주인공이 된 것 같은 느낌이 든다고들 한다.

노는 토요일에 점심을 엄청 빨리 먹고 친구들에겐 군대 면회를 간다고 거짓말을 하고, 학교를 나와 젖 먹던 힘까지 다해 버스 정류소로 갔다. 버스를 타고 구덕터널을 지나서 내렸다. 다시 택시를 타고 주례구치소에 가까스로 시

간 안에 도착할 수 있었다. 나는 처음 간 곳이라 어쩔 줄 몰라 하다가 안내원의 안내에 따라 엄마와 접견을 신청했다. 엄마를 만나러 가는 길이 너무 멀게만 느껴졌고 굉장히 떨렸다. 심장이 터질 것만 같고, 추위에 떠는 강아지마냥 온몸이 덜덜 떨렸다. 십여 분이 지나선가 나는 <u>18번이라고 적혀 있는 문을 열고 들어갔다</u>. 엄마와 그 옆에 여자 교도관이 앉아 있었다. 나는 엄마가 입은 그 낯선 옷을 보자마자 고개를 떨구었다. ○○여고 3학년 김은지 〈면회〉의 한 대목

아이들이 이야기글에서 시간과 공간을 어떻게 드러내는지 좀 더 살펴보자. 밑줄 친 대목을 눈여겨보면서 읽어 보자.

<u>얼마 전이었다. 고3 1학기 중간고사를 치기 5일 남았던 날 저녁이었다.</u> 밤 10시까지 하는 야자를 마치고 집에 온 뒤, 올 때 편의점에 들러서 산 <u>토스트와 삼각김밥을 데워 거실에서 먹고 있었다. 토스트를 해치우고 삼각김밥을 다 먹어 갈 무렵 아빠가 다가왔다.</u> 아빠는 기분이 좋아 보였고, 나를 사랑한다고 말하며 손을 잡아 달라고 요구했다. 하지만 나는 아빠와 어떤 접촉도 싫었다. 나는 싫다고 도리도리 고개를 저었다. 그렇다. 나에게는 내 몸에 대한 자

유가 있다. 접촉 요구를 거부할 권리가 있는 것이다. 유감스럽게도 아빠는 항상 자신의 말에 대한 거절을, 자신을 미워하고 무시한다고 받아들인다. 아빠는 계속해서 악수하자는 요구를 해 왔다. 나는 하나같이 거부했다. 자리를 뜨려고 하니 아빠가 나를 막아섰다. 나는 하지 말라고 하였지만 아빠는 손을 계속 내밀었다. 나는 옆에 있는 엄마에게 안겼다. 도대체 왜 그러는지 이해할 수 없었다.

그렇게 몇 분간 실랑이를 벌이다가 아빠는 소파에서 일어서서 나에게 다가섰다. 나에게 익숙한 모습을 보이기 시작했다. 시뻘겋게 상기된 얼굴에 격앙된 말투로 나를 향해 위협하는 말을 하기 시작했다. 많이, 정말 많이 들어 왔고 듣고서 정말 슬펐던 말.

"니 인생 종결짓고 싶나? 니 반죽임 당하기 싫으면 이번이 마지막 기회일 거다. 니 인생에서 두고두고 후회할 일이 생길 거라고!!"

정말 귀에 익숙한 말들이었다. 하지만 어째 이 두려움만은 익숙해지지 않는 걸까. 처음 들을 때부터 느껴 왔던 공포감이 그대로 느껴졌다. 나는 두려움 앞에 무릎을 꿇어야만 했다. 결국 나는 내 왼손을 내밀었다. 오른손은 공부할 때 필기하거나 밥 먹을 때 쓰는 손이었기에 마주 잡기 싫었다.

갑자기 아빠가 내 왼손을 쳐 내렸다. 속으로 '깜짝' 했다.

"악수는 오른손으로 하는 거야."

크게 호통쳤다.

오른손을 멈칫거렸다. 오른손으로 마주 잡아야 할까? 아주 천천히 손을 올렸다. 내 손 위치가 아빠와 비슷해졌을 때 아빠는 내 손을 쥐려고 손을 오므렸다. 나는 잡힌 지 1초도 되지 않아 아빠 손에서 내 손을 획 빼 버리고 바로 아빠를 지나쳐 내 방으로 들어가 버렸다. ○○여고 3학년 이준서

〈대한민국 한 가정 안에서 여성이 겪어 낸 이야기〉의 한 대목

첫 번째 밑줄 친 곳을 보자. 일이 일어난 시간과 공간을 또렷하게 잘 붙잡았다. "고3 1학기 중간고사를 치기 5일 남았던 날 저녁"에 "밤 10시까지 하는 야자를 마치고 집에 온 뒤"였고, "올 때 편의점에 들러서 산 토스트와 삼각김밥을 데워 거실에서" "토스트를 해치우고 삼각김밥을 다 먹어 갈 무렵"이라고 했다. 글을 읽으면, 마치 내가 그때 그 시간과 공간 속에 같이 있는 듯하다. 그다음 밑줄 친 곳도 눈여겨볼 만하다. 이번에는 아빠가 악수하자고 요청한 그 순간을 잠시 정지시켜 놓은 듯하다.

다음 글에서 공간 표현을 살펴보자.

난 정말 미쳐 버릴 것만 같았다. 너무 답답했다. 속마음 같아서는 내가 아니라고, 우리 반 어떤 아이가 눈에 멍이 들어서 엄마가 눈치채는 바람에 학교에 전화한 것이라고 말하고 싶었으나 그렇게 할 수 없었다. 만약 내가 그렇게 한다면 그 아이가 또 불려 갈 것이 뻔하기 때문이다.

그리고 이틀 정도 지났을까? 교무실에 볼일이 있어서 가다가 내가 착하게 보았던 언니와 일대일로 마주치게 되었다. 언니는 나를 보더니 화장실로 들어가면서 따라오라는 신호를 보냈다. 난 아무 거리낌 없이 따라 들어갔고, 선생님한테 같이 있는 모습이 보이면 안 된다며 언니는 나를 데리고 화장실 칸 안으로 들어갔다. ○○상고 3학년 장유빈 〈바뀌어 버린 내 생활〉의 한 대목

"화장실"로 따라 들어갔고, 다시 "화장실 칸 안"으로 들어갔다고 했다. 그러니까 장면이 지금 바로 눈앞에 그려지는 듯하다.

이야기글에서 시간과 공간은 빼놓을 수 없는 요소다. 이것이 이야기글이 되게도 하고, 이야기글이 되지 못하게도 한다는 말이다. 이야기글 쓰기에 앞서 꼭 챙겨야 할 일이다.

보 기 글 글에서 시간과 공간을 어떻게 드러내는지 눈여겨보면서 다음 글을 읽어 보자. 읽고 나서 느낌과 생각을 자유롭게 이야기해 보자.

그때의 나
문현여고 3학년 박소영

초등학교 4학년, 늦더위가 기승을 부리던 방학 개학 전이었다. 친구였던 소현이와 자전거를 타며 아파트 단지를 돌고 있었다. 그 순간, 소현이 친구였지만 무슨 이유인지는 몰라도 나와는 눈만 마주치면 얼굴을 굳히던 아이들이 왔다. 이름은 전지원과 장수지였던 것 같다.

그날의 대화는 기억이 안 나지만 걔들이 내 자전거를 넘어뜨리고 발로 밟아 페달 한쪽이 돌아가지 않았다. 다시 생각해 봐도 사소한 싸움이었다. 누가 더 키가 큰지, 더 자전거를 잘 타는지, 같은 얘기로 시작한 정말 별거 아닌 싸움이었다. 아직도 걔들이 내 자전거를 망가뜨린 이유는 알 수 없지만 다만 내가 눈엣가시였다는 건 쉽게 알 수 있었던 것 같다. 한 학년에 세 반뿐인 너무나 작은 학교였기 때문일까? 아님 나를 모두가 싫어했기 때문일까? 활달한 소현이와 달리 음침한 표정과 소심한 성격 때문에 좋지 않던 이미지가 그 사건을 계기로 확 더 나빠졌다.

그렇게 나는 점점 더 고립되어 갔고, 마지막엔 흔히 말하는 왕따, 전따가 되어 있었다. 쉬는 시간 종이 치면 엎드리기 바빴고, 10분이 한 시간 같았으며, 학교에 가기가 너무 싫었다. 공교롭게도 전지원과 장수지는 우리 반이었고, 나 들으란 식으로 노골적으로 나에게 공격을 가해 왔다.

"우리 반에 이상한 냄새 나지 않냐?"

"ㅋㅋㅋㅋ 아, 3분단 맨 앞자리?"

4학년 시린 겨울에 나는 하루에 두 번씩 머리를 감았으며 결벽증에 걸린 사람마냥 손을 자주 씻었다. 그렇게 겨울은 끝났지만 나의 겨울은 이제 시작이었다.

5학년이 되었다. 내 학교생활은 여전했다. 내가 땡깡을 부릴 시간도 없이 바쁘셨던 부모님이었기에, 나는 아무런 말도 못 하고 가만히 그렇게 잠식되었다. 그 당시 내 취미 생활은 네이버 지식인에 질문하는 것이었는데, 이 일상을 극복하기 위한 질문도 했다. 질문에 대한 답변은 '학교폭력 신고함에 신고하세요'였다.

그 답변을 받은 다음 날, 나는 바로 우리 반 전체 이름을 적었고, 그날 점심시간에 신고자를 찾는 방송이 들렸다. 들킬까

무서웠던 난 가지 않았고, 그날 방과 후에 담임선생님께서 조용히 날 부르셨다.

"무슨 일 있었니?"

"……."

"애들과 싸웠니?"

"……."

진전이 없는 대화를 나누길 수분째, 선생님은 날 보며 한숨을 내쉬셨다. 한숨소리를 들은 나는 바닥에 싱크홀이 생기듯 빛도 희망도 없는 깜깜한 어둠 속으로 빨려 들어갔다. 고3이 된 지금도 내가 무엇을 크게 잘못했기에 왕따가 되었는지 알 수 없다. 그때 당시 담임선생님은 전형적인 방관자라 일컫는 종류의 사람이었으며, 그 사람에게 난 스쳐 지나가는 제자 1인 동시에 귀찮은 존재였을 가능성은 다분했다. 혹시 모른다. 자기의 즐거운 퇴근길을 가로막는 존재였을지.

그다음 날 나는 병원에 들렀다가 학교에 갔기 때문에 교실에 늦게 들어갔다. 문이 열리자마자 시선이 나에게 빗발쳤고, 자리에 앉고 나서 남자애들이 우루루 몰려들었다. 그때 깨달았다. 담임선생님이 얘기했구나.

"너야?"

"아니."

내 대답이 화근이었다. 순식간에 반이 웅성거리기 시작했다.

"우린 아무 말도 안 했는데? 뭐가 아니라는 건데?"

말문이 탁 막혔다. 들킨 것 같았다.

그 순간 누군가가 크게 외쳤다.

"일기장 보면 되겠다!!"

소름이 돋았다. 나라고 인정할 수밖에 없었다.

내 마지막 발버둥이 끝난 후 난 꼭두각시 인형처럼 학교를 다녔고, 이내 여름방학이 되었다. 전에 다니던 미술 학원은 전지원과 장수지가 새로 다니고 있었기에 진적에 끊었다. 정말 방학 동안 TV와 컴퓨터만 했다. TV가 바보상자란 말은 정확했다. 방학 동안 불러 주는 이 없이 집에서 스스로 감금되다시피 했기에, 혀는 밥 먹는 데만 썼으며 머리는 쓰지 않아 퇴행한 것만 같았다.

개학이 일주일 앞으로 다가왔을 때, 학교 가기 싫다고 엄마에게 땡깡을 쓰다 아빠에게 뺨을 맞았다. 슬펐다. 정말 아무도 내 편은 없는 것 같아 바닥이 꺼지는 것 같았다.

그렇게 난 개학을 했다. 학교는 늘 가기 싫었기에 이제 그 말을 입에 올리는 것도 지겨웠으며, 내 사춘기가 일찍 왔던 건지 집에 들어가기도 싫었다. 개학 후 일주일이 지난 시점에 집 앞

공원에서 그네에 앉아 있다가, 밤 10시가 넘어 집에 들어갔다.

문이 열리자 보이는 풍경에 나는 놀랄 수밖에 없었고, 눈물이 줄줄 났다. 부모님이 경찰과 얘기 중이었다. 엄마는 날 보자마자 껴안으며 통곡하셨고 아빠도 끝끝내 눈물을 흘리셨다.

그때, 전학 가고 싶어요, 하고 말했다.

지금이 아니면 말할 용기도 없었기 때문이다. 당연히 엄마는 깜짝 놀래셨고, 아빠는 노발대발하셨다.

엄마는 사태의 심각성을 깨달으셨는지 그다음 날 휴가를 내어 내 얘기를 들어 주셨다. 화가 난 엄마는 울음과 분노를 동시에 표출했고 너무 미안해하셨다.

그 후 아빠와 엄마가 서로 대화를 하고 아빠까지 내 얘기를 들어 주셔서 전학 가는 걸로 내 학교생활은 끝이 났다.

전학 가기 전날까지 반 애들한테 아무 말 하지 않았고, 심지어 담임선생님에게도 부모님이 전화로 통보하셨다. 그렇게 허무하게 내 5년의 초등학교 생활이 매듭지어졌다. 리본도 실타래도 아닌 먼지 덩어리처럼 말이다. 말이 좋아 전학이지 도망친 거였다. 더 이상 견딜 자신이 없었고, 버티다간 무너지는 게 자존심이었고, 바스라지는 게 내 자아였기 때문이다.

수안동에서 문현동으로 멀리 이사를 했고 내 학교생활은 다시 시작되었다. 고등학교 1학년 친구들에게 케이크를 처음

받아 행복했던 생일은, 잊고 있던 전지원과 장수지가 보낸 페이스북 친추 때문에 다운되었고, 일기장을 뒤졌던 남자애에게서 온 페메 때문에 추락했다.

내용은 별거 없었다.

"ㅋㅋㅋㅋㅋ 나 기억하냐?"

그때의 나라면 상상도 할 수 없을 만큼의 의연한 답장을 보냈고, 그 허무한 대화 같지 않은 대화도 '잘 지내'로 종결되었다.

문득 생각이 든다. 그때 내가 소현이에게 바로 사과를 했고, 그 둘에게 의연하게 대처하였다면 즐거운 추억이 되었을지도 모른다고. 끔찍하고도 고통스런 시간이었기에 버텨 준 나에게 박수를 보낸다.

현재 문현동에서 학교 다니는 난 행복하다. 2018년 5월 9일

» 힘든 초등학교 시절을 보냈지만 그래도 전학 가고 나서는 좋은 친구와 행복한 학교생활 해서 다행이라고 생각했다.

» 피해자가 가해자를 왜 피해 다녀야 하지? 하는 생각이 들었다. 소심한 성격에 학교폭력을 신고하기 어려웠을 텐데 용감하게 신고하는 모습을 보고 내심 맘이 뿌듯했다.

» 어린 시절의 아픔을 잘 견뎌 내고 멋지게 살아가는 게 정

말 멋집니다.

» 처음에 속마음을 들어 줄 사람이 없어서 주인공이 많이 불쌍하고 안쓰러웠는데 나중에 부모님과 얘기를 하고 잘 풀리게 되어서 다행이라고 생각합니다.

» 주인공이 부모님께 끝까지 전학 가고 싶다고 말하지 않았으면 어떻게 됐을지 궁금하다.

» 태연하게 '친구 추가'를 걸고 메시지를 보낸 애들에 너무 화가 난다.

» 세상에는 크고 작은 학교폭력이 정말 많이 일어나는 것 같아서 마음이 아팠지만 지금은 잘 지내 다행이라는 생각이 든다.

» 지금은 이렇게 아무렇지 않게 그 아픈 경험을 글로 적을 수 있어서 참 다행이다.

» 전학을 갈 수 있어서 정말 다행이었다. 몇몇 부모님은 대수롭지 않게 생각해서 전학을 보내지 않는 일이 종종 있기 때문이다.

» "리본도 실타래도 아닌 먼지 덩어리처럼"이라는 표현이 매우 신선했다.

» 자신의 반 학생이 왕따를 당하고 있는데 아무런 도움도 주지 않으셨던 선생님이 너무하다고 생각했다. 자기 반 아

이 고민에 대해 귀찮아하고 자신이 귀찮아지는 거만 생각하니 선생님이 될 자격이 없는 거 같다.

» 고등학교 1학년이 되고 일기장을 뒤진 아이한테서 다시 연락 온 것을 보고 과연 무슨 생각으로 연락을 했을까? 하는 생각과 함께 열받았다. 시간이 지나서도 자신이 했던 행동에 대해 사과하지 않는 것이 화난다.

3

주고받은 말
살려 쓰기

이야기글 쓰기에서 주고받은 말을 살려 쓰는 지도는 빼놓을 수 없다. 주고받은 말이 들어가면 글이 생생하게 살아 있어, 읽는 사람을 이야기 속으로 빨려 들어가게 만든다. 주고받은 말은 자기가 실제로 겪은 일을 그대로 되살린 말이기에, 남의 말을 흉내 내거나 그럴싸하게 다듬을 필요가 없다. 주고받은 말을 되살려 쓰는 활동은 사실을 있는 그대로 정확하게 붙잡아 쓰는 힘을 길러 준다. 사실을 정직하게 붙잡은 글이라야 그 일로 우러난 느낌이나 생각이 진실되고, 읽는 사람도 '참 그렇구나' 하고 가슴에 와닿게 된다.

다음에 보기로 든 글은 둘 다 학교폭력으로 상처받은 이야기다. 그런데 ㉮는 주고받은 말을 살려서 상황을 자세하게 그렸다. 글을 읽어 보면 마치 옆에서 지켜보는 듯이 생생하다. 이렇게 주고받은 말을 되살려서 글을 쓰면 자기가 겪고 부딪힌 일을 객관으로 보게 된다. 감정에 치우치거나 섣부른 판단을 내리지 않고 보고 듣고 겪은 대로 글을 쓰게 된다.

그런가 하면 ㉯는 주고받은 말이 전혀 없이 처음부터 사건을 설명해 내려갔다. 아직도 상처가 아물지 않고 남아 있다. "엇나갔던 놈" "이런 쓰레기들" 하는 말에 억울한 감정이 그대로 묻어난다. 그리고 마지막에는 학교폭력에 강력한 처벌과 대응이 필요하다는 주장까지 펼쳤다. 그러다 보니 서사문이 되지 못하고 말았다.

㉮ 난 묵묵히 언니들을 따라나섰고 도착한 곳은 예상했던 무용실 샤워장이었다. 난 마음속으로 '내가 잘못한 게 없는데 피할 이유가 없지. 언니들한테 내가 아니라고 말하면 그만 아니가' 생각하고 들어갔다. 그런데 이게 웬일인가? 교실에 없던 애들이 그곳에 다 모여 있었던 것이다. 아이들은 맞았는지 전부 고개를 숙이고 울고 있었다.

"어제 니가 쌤한테 꼰질렀제?"

"아니요."

"저년 봐라. 우리가 다 알고 왔는데 어디서 구라까노."

"저 진짜 아닌데요."

"니가 아니면 누군데?"

"그야 저도 모르죠."

"야, 근데 니 미쳤나? 어디서 눈 치켜들고 지랄이고? 눈 깔아라."

"언니들이 뭔가 오해하고 계신 거 같은데, 저 진짜 아니거든요."

짝. 언니 중 한 명이 내 뺨을 때렸다. 순간 너무 놀란 나머지 나는 나를 때린 언니를 쳐다보았다. 당연히 이유 없이 맞아서 그 사람을 쳐다보는 표정이 좋을 수가 없었기에 나의 얼굴 표정이 그 언니들을 더 화나게 했다.

"이 미친년 봐라. 니가 지금 내 꼬라보면 우얄 껀데? 눈 안 까나?"

다시 짝. 손이 올라왔다. 난 너무 화가 나서 견딜 수가 없었다.

"언니들 지금 뭐 하는 건데요. 왜 때려요? 말로 하면 될 것을 왜 때리고 그래요. 저 팔에 기부스 한 거 안 보여요? 저 퇴원하고 학교 온 지 이틀밖에 안 됐거든요? 그런데 이렇게 막 때려도 되는 거예요?"

하고 대들어 버렸다. 그런데 오히려 내가 한 말은 역효과를 불러일으키고 말았다. 그도 당연한 것이 그 상황에서 그렇게 말을 했다는 것은 맞고 싶어 죽겠으니 더 때려 달라는 말밖에 안 된다.

"니 몰랐나? 니 왼쪽 팔 마저 부러뜨리려고 데리고 온 건데."

하면서 내 바로 앞에 서 있던 언니가 내 복부를 발로 걷어 찼다. 그렇게 구타는 시작되었던 것이다. ○○상고 3학년 장유빈 〈바뀌어 버린 내 생활〉의 한 대목

㉯ 처음에 세 명이 조짐을 보였다. 처음에는 그리 신경 쓰지 않을 정도였으나, 어느새 다른 반에서까지 와서는 책상이나 의자를 쌓아 놓거나, 가만히 있는 때 갑자기 치거나, 뭘 빼앗거나, 심지어 급식 반찬을 섞고 휴지를 막 뿌리는 것이었다. 게다가 열 명도 넘어 저항조차 못 했다. 쉬는 시간에는 교실 문을 막거나 했기 때문에 교무실로 갈 수도 없다가 어느 날 간신히 빠져나와서 학교폭력 신고를 하였다. 누군가 급식 때 일을 동영상으로 촬영했던 자료가 있었기 때문에 그때까지의 일은 몽땅 까발려졌다. 가해 학생 두 명은 전학을 갔고, 또 다른 두 명은 부모님까지 오시고, 집에까지 찾아와서 사죄를 하였다. 이 사건 때문인지 이후에는 가해 학생 두 명은 나한테 접근하지 않았다. 하지만 그럼에도 이후에 크고 작은 일들은 계속 생겼다. 그때마다

아이들이 달라지면서 말이다.

중3 때 문제가 컸던 사건은 아직 생생하다. 단 한 명이었는데, 일진 정도는 아닌 것 같지만 꽤 엇나가던 놈으로 기억한다. 욕설로 시작해 진짜 폭력 행사를 하자 나는 저항했고, 그때 선생님이 와서 교무실로 갔지만 내가 오히려 때린 것처럼 되었다. 내가 맞았다고 봐야 하건만, 어이가 없어 말도 나오지 않았다. 정작 가해자 본인은 태평했다. 대체 이런 쓰레기들이 얼마나 많은가 싶었다.

나는 이 이야기를 그리 쓰고 싶지 않았지만 학교폭력의 심각성에 대해 당사자로 알리기 위하여 나는 이 이야기를 꺼내게 되었다. 일어나서는 안 되는 일이 일어나고 있는 것에 대해서 아주 강력한 처벌과 대응이 필요하다. 사실 '학교폭력 예방 교육'도 정작 봐야 할 애들은 안 보고 무시한다. 이런 일에 대해 다시 체벌을 시켜야 할 수도 있다. 또한 피해자는 분명히 피해자이며 잘못이 없다는 점을 인식시켜야 한다. 괴롭힘당하는 것을 피해자 탓으로 돌리는 것은 끔찍한 결과를 낳을 수 있다. 학교폭력이 사라지기를 바란다. ○○고 1학년 장성훈 〈폭력〉의 한 대목

아이들이 주고받은 말을 살려 쓸 때, 따온 말 표현이 서툴

다. 따온 말이 길 때에는 더욱 어색하다. 〈어머니가 말하기를 "……"라고 했다〉보다는 〈어머니가 말했다. "……"〉 〈어머니가 화를 내셨다. "……"〉로 쓰는 것이 읽기에 훨씬 자연스럽다. 다음 ⑭와 ㉣를 견주어 보면 ⑭보다는 ㉣가 훨씬 자연스럽고 깔끔하다는 것을 알 수 있다.

⑭ 엄마가 말하기를 "너희들 더 잘되라고 하는 거니까 그냥 가자"라고 했는데, 나는 가기 싫어서 크게 울면서 "나 가기 싫어. 안 갈래. 그냥 여기 살면 안 돼" 이러니까 아저씨가 "너 그럼 혼자 여기 놔두고 간다" 하길래 결국 김해로 갔다.

㉣ 엄마가 우리를 달랬다.
"너희들 더 잘되라고 하는 거니까 그냥 가자."
나는 가기 싫어서 크게 울면서 떼를 썼다.
"나 가기 싫어. 안 갈래. 그냥 여기 살면 안 돼."
옆에서 보고 있던 아저씨가 나에게 겁을 주었다.
"너 그럼 혼자 여기 놔두고 간다."
나는 결국 김해로 가고 말았다.

그리고 '~라는' '~라고' 하는 말은 입말로는 잘 쓰지 않는 말이다. '~ 하는' '~ 하고'로 쓰는 버릇을 들이게 지도하는 것이 좋다. 다음 예문도 '~ 하면서' '~ 하는' '~ 하고'로 쓰는 편이 훨씬 자연스러운 걸 알 수 있다.

쉬는 시간이 끝나고 선생님이 와서, "얘 왜 이러나?"라고 하면서 나를 말렸지만 나는 선생님을 뿌리쳤다. (→ "~ 이러나?" 하면서 나를 말렸지만)

그런데 그때 뒤에서 "꼬마야, 아는 사람이야?"라는 목소리가 들렸다. (→ "~ 아는 사람이야?" 하는 목소리가 들렸다.)

그래서 나도 모르게, "그럼 안방 화장실 가. 담배 내가 폈냐. 왜 짜증이야?"라고 성질을 내 버렸다. (→ "~ 짜증이야?" 하고 성질을 내 버렸다.)

내가 들어온 것을 본 선생님은 인상을 풀고 "상국아, 어제 현관에서 인라인 스케이트 못 봤니?"라고 물으셨다. (→ "~ 못 봤니?" 하고 물으셨다.)

69

내가 한 말이 글이 되고 소설이 되다니?

문학이란 것이, 시와 소설이 저 먼 딴 세상에서 나왔다고 생각하거나, 사람 뇌 속에 그것을 다루는 특별한 영역이 있을 거라 믿는 아이들에게, 이것은 참 신기하고 놀라운 깨달음이다. 문학이란 것이 저 멀리 있는 딴 세상 이야기가 아니라 바로 우리네 말과 삶에서 나온 말꽃이란 놀라운 사실.

그런데 주고받은 말만 엮어 나가서는 재미랄지, 글맛이 영 살아나지 않는다. 대화 사이에 속마음이나 속으로 한 말, 나와 상대의 얼굴 표정, 몸동작, 분위기, 이런 것을 같이 엮어야 이야기가 살아난다. 이것은 다음 장 '생각이 흐르는 대로'에서 다루기로 하겠다.

주고받은 말을 어떻게 살려 썼는지 눈여겨보면서 다음 글을 읽어
보자. 읽고 나서 기억에 남는 장면이나 마음에 와닿는 표현을 찾아
소개하면서, 자기 생각과 느낌을 자유롭게 발표해 보자.

바뀌어 버린 내 생활

○○상고 3학년 장유빈

난 ○○초등학교를 나왔다. 그리고 ○○여중에 입학하였
다. 난 그렇게 순수한 편도 아니었지만 학교에서 문제를 일으
킬 만큼 문제아도 아니었다. 그렇게 평탄히 학교생활을 했는
데, 시험 기간이라서 독서실에 가게 되었다. 독서실 앞에서 넘
어지는 바람에 팔이 부러져 당분간 병원 신세를 질 수밖에 없
었다. 그렇기 때문에 학교 돌아가는 상황을 전혀 모를 수밖에.

팔에 깁스를 한 상태로 학교에 갔다. 학교 상황은 대충 이
러했다. 2학년 선배들이 1학년들 교실에 와서 양동생을 맺었
다. 그래서 내 친구를 비롯한 반 아이들 몇이 모두 양언니가 있
었다. 내가 퇴원하고 학교를 간 첫날도 어김없이 언니들이 내
려왔다. 난 그 분위기가 싫어 친구를 데리고 밖으로 나갔는데,
우연의 일치였을까? 내가 나가고 얼마 후에 선생님이 들이닥
쳐 내려왔던 언니들이 교무실에 끌려가서 단체로 혼나는 일이

벌어진 것이다. 그리고 그날 바로 소문이 돌았다.

"야야, 너거들 그 소문 들었나? 1학년에 팔에 기부스 한 애가 선생님한테 꼰질러서 12인조 혼난 거. 금마들이 가만있지 않을 텐데."

"당연하지. 지금 애들 열 무쟈게 받은 거 같은데 조만간 그 애 무용실로 끌려갈 꺼 같다. 그 애 이름이 유빈이라고 했던가? 암튼 불쌍하게 생겼지."

2학년 언니들 사이에 이런 말들이 오고 갔다. 당연히 나도 그 소문을 들을 수밖에.

그리고 다음 날, 점심시간에 교실에서 밥을 먹고 있는데 이상하게 교실이 썰렁했다. 알고 보니 양언니 있는 애들이 전부 없었다. 그리고 갑자기 교실 앞문이 '쾅' 열리더니,

"야, 이 반에 유빈이라고 있제? 지금 나온나."

난 드디어 올 것이 왔구나 하고 같이 밥 먹던 친구들에게

"야, 너희들 밥 먹고 있어라. 내 잠깐만 나갔다가 올게."

난 교실 문을 빠져나와 언니들 쪽으로 갔다.

"제가 유빈인데요."

언니들한테 인사를 하고 고개를 들었다. 언니들은 웃고 있었다. 그런데 그 웃음은 비웃음이었다. 난 무척이나 기분이 나빴다. 그렇지만 대들 수가 없었다. 언니들은 갑자기 자기들끼

리 귓속말로 속닥거리더니,

"야, 니 잠깐만 따라온나."

하는 말을 남기고는 자기들끼리 앞으로 걸어갔다. 난 묵묵히 언니들을 따라나섰고 도착한 곳은 예상했던 무용실 샤워장이었다. 난 마음속으로 '내가 잘못한 게 없는데 피할 이유가 없지. 언니들한테 내가 아니라고 말하면 그만 아니가' 생각하고들어갔다. 그런데 이게 웬일인가? 교실에 없던 애들이 그곳에다 모여 있었던 것이다. 아이들은 맞았는지 전부 고개를 숙이고 울고 있었다.

"어제 니가 쌤한테 꼰질렀제?"

"아니요."

"저년 봐라. 우리가 다 알고 왔는데 어디서 구라까노."

"저 진짜 아닌데요."

"니가 아니면 누군데?"

"그야 저도 모르죠."

"야, 근데 니 미쳤나? 어디서 눈 치켜들고 지랄이고? 눈 깔아라."

"언니들이 뭔가 오해하고 계신 거 같은데, 저 진짜 아니거든요."

짝. 언니 중 한 명이 내 뺨을 때렸다. 순간 너무 놀란 나머지 나는 나를 때린 언니를 쳐다보았다. 당연히 이유 없이 맞아서 그 사람을 쳐다보는 표정이 좋을 수가 없었기에 나의 얼굴 표정이 그 언니들을 더 화나게 했다.

"이 미친년 봐라. 니가 지금 내 꼬라보면 우얄 껀데? 눈 안 까나?"

다시 짝. 손이 올라왔다. 난 너무 화가 나서 견딜 수가 없었다.

"언니들 지금 뭐 하는 건데요. 왜 때려요? 말로 하면 될 것을 왜 때리고 그래요. 저 팔에 기부스 한 거 안 보여요? 저 퇴원하고 학교 온 지 이틀밖에 안 됐거든요? 그런데 이렇게 막 때려도 되는 거예요?"

하고 대들어 버렸다. 그런데 오히려 내가 한 말은 역효과를 불러일으키고 말았다. 그도 당연한 것이 그 상황에서 그렇게 말을 했다는 것은 맞고 싶어 죽겠으니 더 때려 달라는 말밖에 안 된다.

"니 몰랐나? 니 왼쪽 팔 마저 부러뜨리려고 데리고 온 건데."

하면서 내 바로 앞에 서 있던 언니가 내 복부를 발로 걷어찼다. 그렇게 구타는 시작되었던 것이다. 난 어쩔 수 없이 맞을 수밖에 없었다. 소리를 질러도 달려와 줄 사람은 아무도 없었다. 아팠다. 너무 아팠다. 태어나서 그렇게 많이 맞아 보기는 처음이었다. 그렇지만 눈물이 나지 않았다. 아니, 눈물이 나려는 것을 이를 악물고 참았다. 그렇지만 계속되는 구타 속에 결국 언니들 앞에서 눈물을 보일 수밖에 없었다.

그때 한 언니가 문을 열고 들어왔다. 발길질과 주먹질을 하던 언니들 동작이 멈추었고 모든 사람의 시선이 방금 들어온 언니 쪽으로 향했다.

"야, 니들 뭐 하는데."

자연스럽게 대화하는 걸로 봐서는 친한 친구인 듯싶다.

"어제 우리 꼰지른 년 때리고 있었다. 미친년, 근데 니 왜 이렇게 늦게 왔는데? 수업 시작할 시간 다 돼 간다 아이가. 담배는 사 왔제?"

"당근. 아나 피라."

담배를 친구에서 넘겨주고는 나에게로 걸어왔다. 난 고개를 숙이고 있었다. 언니가 내 앞에 다다랐을 때 난 고개를 들었고 그 언니의 첫인상은 왠지 모르게 착해 보였다.

"많이 맞았나?"

그 언니가 나에게 걸어온 첫마디다.

"네. 태어나서 처음으로 이렇게 맞아 봤어요."

"그러게 왜 꼰지르노? 안 꼰질렀으면 안 맞았을 꺼 아니가?"

난 울먹거리며 말했다.

"저 진짜 아닌데요."

"니 아니가? 그럼 눈데? 니가 그날 나가서 일러바친 거 아니었나?"

"아닌데요. 전 그날 매점에 있었는데요. 누가 일러바친 건지는 모르지만 저는 진짜 아니거든요."

"맞나. 야, 이 애 아니라는데?"

처음으로 내 말을 믿어 준 언니였다. 그렇지만 옆에 친구들은,

"니는 그 말을 믿나?"

담배를 다 폈는지 다시 내 주위를 둘러싸기 시작했다. 난 다시 겁이 났다. 순간 떠오른 것은 뒤늦게 들어온 언니라면 친구들을 말려 줄지도 모른다는 생각이었다. 그래서 난 고개를 들어 그 착한 언니를 바라보며 구원의 눈빛을 보냈고, 다행히 그 언니도 나를 좋게 본 건지 불쌍해서 그런지는 몰라도 친구들을 말려 더 이상 맞지 않도록 해 주었다. 너무 고마웠다. 그렇게 난 그곳을 빠져나올 수 있었다. 그리고는 다시는 부딪치지 않도록 속으로 기도했다.

그런데 이게 웬일. 다음 날 지각하는 바람에 학교 교무실

에서 꾸중을 듣고 있는데 언니들이 교무실로 불려 오고 있는 것이 아닌가. 언니들과 난 눈이 마주쳤고 난 얼른 고개를 숙였다. 그리고는 언니들과 선생님의 대화를 들어 보니 어제 무용실에서 있었던 일들을 선생님이 알아 버렸다는 것을 알게 되었다. 난 순간 가슴이 철렁했다. 안 그래도 오해를 받고 있는 상황에 이번에는 교무실에서 마주쳤으니 어떻게 해야 할지 앞이 캄캄했다. 우리 담임선생님은 그런 내 마음도 모르고 언니들한 테 가서는 출석부로 언니들 등을 내리치면서

"니들이 사람이냐? 어떻게 수술하고 퇴원한 지 이틀밖에 되지 않은 애를 때릴 수가 있어?"

이번 일도 내가 꼰지른 걸로 되어 버렸다. 난 정말 어이가 없었다. 그리고 다음 날부터 언니들은 징계를 받았다. 지나가면서 언니들을 볼 때면 언니들은 꼭 한마디씩 내뱉고 지나가 버린다.

"미친년."

"씨×년."

난 정말 미쳐 버릴 것만 같았다. 너무 답답했다. 속마음 같아서는 내가 아니라고, 우리 반 어떤 아이가 눈에 멍이 들어서 엄마가 눈치채는 바람에 학교에 전화한 것이라고 말하고 싶었으나 그렇게 할 수 없었다. 만약 내가 그렇게 한다면 그 아이가

또 불려 갈 것이 뻔하기 때문이다.

　그리고 이틀 정도 지났을까? 교무실에 볼일이 있어서 가다가 내가 착하게 보았던 언니와 일대일로 마주치게 되었다. 언니는 나를 보더니 화장실로 들어가면서 따라오라는 신호를 보냈다. 난 아무 거리낌 없이 따라 들어갔고, 선생님한테 같이 있는 모습이 보이면 안 된다며 언니는 나를 데리고 화장실 칸 안으로 들어갔다.

　"이번 일도 니가?"

　난 일단 오해를 풀어야겠다는 생각에,

　"언니가 믿어 주실지 모르겠지만 저 아니거든요."

　"맞제? 니 아니제? 나는 니가 아닐 거라고 생각했다. 근데 다른 애들은 니라고 생각하고 있거든. 그래서 니가 누구라고 말 안 하면 애들은 또 니라고 생각할 낀데."

　"언니, 사실은요. 이번 일은 누가 이르고 말고 한 것이 아니라 어제 맞은 아이가 눈에 멍이 들어서 부모님이 눈치채시고는 학교로 전화하신 건데요."

　"아 맞나. 눈에 멍까지 들었나? 그렇구나. 니는 괜찮나?"

　하면서 나를 걱정해 주는 것이 아닌가. 12인조라는 무리에 끼어 있으면서도 나를 때리지 않은 유일한 언니였고 이렇게 나를 걱정해 주는 언니라서 그런지 정말 고마웠다. 그 언니의 이름은 '김가영'이었다. 그리고는 종이 울리는 바람에 언니와 나는 화장실에서 나와 나는 교실로, 언니는 다시 교무실로 갔다. 그리고 며칠 후 가영이 언니가 교실로 나를 찾아오더니 편지를 주고 가는 것이다.

편지의 내용은 대충 이러했다.

TO. 유빈에게

안녕? 내가 누군지 말 안 해도 알겠제? 가영이 언다. 언니가 니를 처음 본 것이 무용실이었제? 그때 니가 울면서 나를 쳐다보는데 이상하게 니를 보살펴 주고 싶더라. 지금 내가 아이들과 같이 징계를 받고 있어서 상황이 별로 좋지는 않지만 니 양동생 하고 싶어서 이렇게 편지 쓴다. 답장 기다릴게.

편지를 읽고 생각했다. '내가 가영이 언니 양동생을 한다면 분명 12인조 언니들 모두와 엮이게 될 텐데' 생각하니 끔찍하기만 했다. 그래서 결국 난 답장을 쓰지 않기로 결심했다. 그렇게 하면 저절로 인연이 끊길 것이라고 생각했다. 그러나 내 생각처럼 그렇게 간단한 것이 아니었다.

며칠이 지나자 12인조 언니들이 우르르 내려왔다.

"야, 니 왜 답장 안 쓰는데?"

"그게 아니고요, 지금 제가 오른쪽 팔에 기부스를 한 상태라서 글을 못 쓰거든요."

"그럼 지금 여기서 말해라. 가영이 양동생 할 꺼제?"

"예?"

"왜? 싫나? 그래도 어쩔 수 없다. 그냥 해라."

그 말만 남기고 언니들은 교실로 올라가 버렸다. 난 뭐가 뭔지 몰랐다. 그런데 단 하나, 내 의사와 상관없이 가영이 언니 양동생이 되어 버렸다는 것만 알 뿐이었다. 그렇게 난 소위 말하는 '일진'이라는 것이 되어 버렸다. 그 후 나는 학교를 마치면 항상 언니들에게 끌려 밖으로 놀러 다니게 되었고, 귀가 시간이 계속해서 늦어지게 되었다. 그러면서 나도 모르게 내 생활이 점점 이상한 식으로 바뀌어 버렸다.

그리고 1년이 지나고 난 2학년이 되었고 내 밑에도 후배가 생겼다. 당연히 나도 양동생을 만들었다. 그리고 언니들이 해 왔던 것처럼 나도 아이들을 때리는 끔찍한 상황이 일어나게 되었다. 그도 그럴 수밖에 없었던 이유는 1학년이 3학년 언니들한테 못하면 우리가 맞아야 했기 때문이다. 그렇게 하면서 난 학생이 하지 말아야 할 행동들만을 하게 되었다. 처음으로 패싸움이라는 것도 해 보았고, 파출소에서 밤을 샌 적도 있었다. 그렇게 나는 이제 옛날의 내가 아니었던 것이다.

그렇게 험한 생활을 하면서 난 ○○여중을 졸업하였고 ○○상고에 진학을 했다. 저절로 언니들, 후배들과 연락도 서서히 뜸해져 갔다. 그런데 갑자기 언니들에게 호출이 온 것이다. 학교 마치고 모두 모이라는. 그래서 우리는 모두 한자리에 모였고 12인조 언니들 중에 친동생이 우리 후배였는데 그 아이를 때렸다는 이유로 우린 새벽까지 맞아야만 했다. 결국 우린 그날 집에 들어가지 못했다. 그리고 다음 날 우린 상처를 대충 감추고 집에 들어갔는데, 운 나쁘게 내 친구 상희가 부모님께 상처를 걸리는 바람에, 화가 나신 상희 부모님은 바로 파출소에 신고를 했고, 그렇게 우리 모두와 언니들 모두는 파출소에 집합되었다.

파출소에서는 어떻게 해서든지 건수를 건져 보기 위해 아주 큰일처럼 조서를 꾸몄으며, 언니들은 자기들만 당하기 억울한지 자기 동생을 불러 우리를 맞고소했다. 그렇게 우린 피해자가 아닌 가해자가 되어 버렸다. 우린 2년 상습 집단 폭행이라는 죄목으로 경찰서에서 밤새도록 조사를 받아야 했으며, 급기야 법원에까지 가게 되었다. 법원에서도 운이 안 좋았는지 우릴 간별소로 보내 버린 것이다. 그렇게 할 수 없이 간별소에 갇혀 학교를 약 한 달 동안 쉴 수밖에 없었다. 다행히 부모님들이 밖에서 힘을 많이 써 준 덕에 일찍 나올 수 있었지만 열일곱 살이라는 어린 나이에 식구들을 떠나 그런 곳에 있었다는 것은 나에게 아주 크나큰 충격이었다.

간별소에 있으면서 울기도 많이 울었고 지나온 시간을 되돌아보며 반성도 많이 하였다. '이곳에서 나가는 순간 나는 바뀌어 버릴 것이다' 하고 굳게 다짐하고 또 다짐했다. 그렇게 하루하루를 눈물로 보내다 보니 어느덧 우리가 나가는 시간이 다가왔고, 다행히 아무도 소년원으로 가지 않은 채 무사히 나올 수 있었다. 그곳에 있으면서 알게 된 친구들이 소년원으로 갈 때면 얼마나 겁이 났던지. 마약을 하고 들어온 언니와 같은 방을 쓸 때, 귀신같이 하얀 얼굴로 말을 거는데 얼마나 겁이 났는지. 역시 난 그런 쪽으로는 체질이 안 맞는 모양이었던가 보다.

난 다시 학교로 가기 위해 집에서 하루를 쉬었고 그러면서 다시 생각했다. '난 짧은 여행을 했을 뿐이다. 비록 좋지 않은 험한 여행이었지만 나에게 아주 많은 걸 깨닫게 해 주었고 더 이상 이런 여행은 나에게 없을 것이다. 이번을 계기로 달라져 보자. 지금까지 나와는 어울리지 않은 생활을 해 왔으니 이젠 나에게 딱 맞는 평범한 고등학교 생활을 하자.'

혼자 다짐하고 잠을 청하였다. 그날은 정말 오랜만에 편안

하고 깊은 잠을 청할 수 있었다. 2004년 5월 7일

》 무용실의 샤워장이나 화장실 한 칸 안이라는 구체적인 장소를 사용해 머릿속에 상상이 더 잘되었다. 그리고 사소한 오해로 시작된 일이었지만, 주인공 자신도 거기에 스며들어 가는 게 무척 안타까웠다.

》 주인공이 처음에 어쩔 수 없이 나쁜 길로 빠져서 안쓰러웠는데 나중엔 "짧은 여행을 했을 뿐이다" 해서 많은 걸 깨닫게 해 주었고, "이번을 계기로 달라져 보자"라고 결심을 한 것 같아 다행이었고, 주인공이 마지막에 한 이 말이 기억에 오래 남는다.

》 요즘 공부가 안 되는데 공부 자극받는 글이었습니다. 글의 몰입감도 높아서 정말 제가 맞는 기분이 들었어요.

》 글쓴이 언니는 정말 소설가 해도 될 것 같다. 재미있다.

》 "그날은 정말 오랜만에 편안하고 깊은 잠을 청할 수 있었다." 이 문구를 통해 이제 글쓴이가 나쁜 과거는 다 잊고 새로운 출발을 의미하는 것을 보고 좋았다.

》 원래는 착하게 살려고 해도 어쩔 수 없이 저렇게 하지 말아야 할 짓을 알면서도 해야 하는 사회가 문제가 있다고 생각했다.

» 사투리를 써서 그때 일어났던 장면과 상황을 매우 사실적으로 묘사하여서 글의 몰입도를 높일 수 있었던 것 같고, 글쓴이가 있었던 상황이 매우 생생하게 전달된 것 같다.

» 처음에 오해받아서 친구들도 맞고 자기도 피해받아서 너무 억울하고 힘들었을 것 같다.

» 중1이 이런 일을 겪었다니 많이 안쓰러웠고 나라도 도와주고 싶었다.

» 혼자 힘든 일을 겪는 모습이 안타까웠고, 글쓴이가 했던 일들이 잘못된 일이라는 것을 깨닫게 되어서 다행이다. 또 이 글은 대화를 자연스럽게 이어 나가서 재미있었다.

» 주인공이 힘들어할 때 그래도 믿어 주었던 언니가 있어 다행이라 생각했고, 주인공이 나중에라도 반성을 하고 새로운 다짐을 한 모습에서는 멋있었다.

» 오해로 인한 일이 이렇게 커지고 커져서 한 학생의 3학년, 고등학교 1학년 일상이 망가지고, 간별소에 다녀와서 다시 생각을 고쳐서 자신의 일상으로 돌아와 다행이라고 생각했고, 학교폭력 가해자가 대부분 피해자에서 가해자로 변하는 길이 이런 거구나, 하고 새롭게 깨달았다.

» 양언니 양동생 때문에 저도 고생한 적이 있어서 공감되었고 주인공의 보호받지 못한 어린 시절이 안타깝다.

» 글쓴이가 선배들에게 꿋꿋하게 자기가 아니라고 말할 때 글쓴이가 멋있어 보였는데 나중에 자기도 그런 일을 하게 되었다는 게 주변에서 아무도 도와주지 않은 것 같아서 안타까웠다.

» 언니들이 반으로 찾아와서 그 주인공을 나오라고 한 일이, 중1 때의 제 경험과 비슷해서 그 주인공 마음을 잘 알 것 같습니다.

» 인생이 스펙타클하다. 만화나 영화에서만 보던 이야기가 실제 이야기라서 놀랐다.

» 자신의 아픈 과거를 "험한 여행"이라고 표현하는 것이 되게 인상적이었고, 그런 험한 여행을 끝냈다는 것이 다행인 것 같다.

» 피해자가 결국은 가해자가 되어 폭력이 대물림되는 것이 안타까웠다.

4

생각이 흐르는 대로
(의식 흐름 기법)

고등학교 때 국어 시간에 소설 작품을 공부하면서, '의식 흐름 기법'이란 말을 누구나 한 번쯤은 들었지 싶다. 대표적인 작품으로 이상의 〈날개〉를 들 수 있다. 본디 소설이란 눈에 보이는 바깥 세계에서 펼쳐지는 사건을 다룬다. 그런데 바깥 세계 못지않게 눈에 보이지 않는 인간의 내면 의식 세계도, 도무지 종잡을 수 없는 무한한 세계다. 의식 흐름 소설이란 바깥 세계보다 내면 의식 세계가 어떻게 흘러가는지에 더 무게를 둔 작품이다.

아시다시피 이상의 〈날개〉란 작품이, 바깥 세계에서 일어나는 사건이 전혀 없는 것은 아니다. 주인공 '나'는 아내에게 종속되어 살아가면서 네 번 외출을 한다. 그런데 그 외출이란 게 싱겁기 짝이 없고, 서로 긴밀하게 얽혀 있지도 않다. 그 사건을 좇다 보면 작품에 별 재미를 못 느낀다. 그보다는 '나'의 마음속 생각이 어디로 흘러가는지가 독자들의 관심거리다. 작품을 읽어 보면 작가는 주인공 '나'의 마음속 생각을 자주 길게 서술해 놓았고, 그것이 하나의 큰 줄기를 이루어 강물처럼 흘러가고 있음을 느낄 수 있다.

그러나 다음 순간, 실로 세상에도 이상스러운 것이 눈에 띄었다. 그것은 최면약 아달린 갑이었다. 나는 그것을 아내의 화장대 밑에서 발견하고 그것이 흡사 아스피린처럼 생겼다고 느꼈다. 나는 그것을 열어 보았다. 똑 네 개가 비었다.

나는 오늘 아침에 네 개의 아스피린을 먹은 것을 기억하고 있었다. 나는 잤다. 어제도 그제도 그끄제도 나는 졸려서 견딜 수가 없었다. 나는 감기가 다 나았는데도 아내는 내게 아스피린을 주었다. 내가 잠이 든 동안에 이웃에 불이 난 일이 있다. 그때에도 나는 자느라고 몰랐다. 이렇게 나는 잤다. 나는 아스피린으로 알고 그럼 한 달 동안을 두고 아달린을 먹어 온 것이다. 이것은 좀 너무 심하다.

별안간 아뜩하더니 하마터라면 나는 까무러칠 뻔하였다. 나는 그 아달린을 주머니에 넣고 집을 나섰다. 그리고 산을 찾아 올라갔다. 인간 세상에 아무것도 보기가 싫었던 것이다. 걸으면서 나는 아무쪼록 아내에 관계되는 일은 생각하지 않도록 노력하였다. 길에서 까무러치기 쉬우니까다. 나는 어디라도 양지가 바른 자리를 하나 골라 자리를 잡아 가지고 서서히 아내에 관하여 연구할 작정이었다. 나는 길가의 돌창 편, 구경도 못 한 진개나리꽃, 종달새, 돌멩이도 새끼를 까는 이야기, 이런 것만 생각하였다. 다행히 길가에서 나는 졸도하지 않았다.

거기는 벤치가 있었다. …… 나는 게서 그냥 깊이 잠이 들었다. 잠결에도 바위틈을 흐르는 물소리가 졸졸 하고 귀에 언제까지나 어렴풋이 들려왔다.

내가 잠을 깨었을 때는 날이 환히 밝은 뒤다. 나는 거기서 일주야를 잔 것이다. 풍경이 그냥 노오랗게 보인다. 그 속에서도 나는 번개처럼 아스피린과 아달린이 생각났다.

아스피린, 아달린, 아스피린, 아달린, 마르크스, 말사스, 마도로스, 아스피린, 아달린.

아내는 한 달 동안 아달린을 아스피린이라고 속이고 내게 먹였다. 그것은 아내 방에서 아달린 갑이 발견된 것으로 미루어 증거가 너무나 확실하다.

무슨 목적으로 아내는 나를 밤이나 낮이나 재웠어야 됐나?

나를 밤이나 낮이나 재워 놓고 그리고 아내는 내가 자는 동안에 무슨 짓을 했나?

나를 조금씩 조금씩 죽이려던 것일까? 이상 〈날개〉의 한 대목

'나'가 '아내'에게 종속되어 무기력하게 살아가다 어느 순간 아내에게 철저하게 속았음을 알아차린다. 너무나 잔인할 정도로 교활하게 속였기에, 알아차린 순간 주인공도 그게 믿기지가 않아서 아주 혼란스러워한다. 이 작품의 주제를 이해하려면, '아내'가 누구인가를 제대로 읽어야 한다. '아내'의 교활함에 정신을 빼앗겨 잔인함을 깨닫지 못하다가, 아내가 준 아달린을 아스피린인 줄 알고 먹고 하루 밤낮을 꼬박 기절했다 깨고 나서야, 아내의 교활함을 알고서 치를 떤다. 일제강점기, 작가 이상은 누구를 겨누고 '아내'를 내세웠는지 짐작이 간다. 주인공 '나'의 생각 흐름을 좇아가야만 이것을 읽어 낼 수 있다.

그렇다고 아이들에게 의식 흐름 소설을 쓰게 하자는 것은 아니다. 다만 그 기법을 조금 활용해 보자는 뜻이다. 소설 작품을 조금만 눈여겨 읽어 보면, 거의 모든 작품이 바깥 세계에서 벌어지는 일과 내면 의식 세계에서 일어나는 일을 알맞게 섞어 가며 서술한다는 것을 알 수 있다. 사건을 겪으면서, 또 주고 받은 말 사이사이에 마음속으로 한 생각을 섞어서 한 편 이야기를 엮어 나간다. 작품에 따라 그 양이 많고 적을 따름이다.

다음 보기로 든 글 ㉮와 ㉯는 모두 주고받은 말을 잘 살려서 글을 썼다. 그런데 ㉮는 주고받은 말만 쭉 늘어놓았고, ㉯는 주고받은 말 사이사이에 마음속으로 한 말이나 속마음을 드러내 보였다. 속마음뿐만 아니라, 그 순간 눈에 들어온 풍경이나 상대방의 몸짓이나 얼굴 표정 같은 것을 그리면서 대화를 엮어 나가면 글이 아주 자연스럽게 물 흐르듯이 흘러간다.

㉮ 아빠는 서면에 내려 지하철을 타고 화명동 친구 집에 갔다. 내가 서면에서 버스를 환승하려고 기다리고 있는 도중에 엄마한테서 전화가 걸려 왔다.

"상현아, 아빠랑 같이 있나?"

"아니, 서면에서 헤어졌다. 아빠는 화명동 친구 집에 간다던데."

"집에 오면 안 좋으니깐 도망갔네. 니는 어디에 있는데?"

"서면에서 버스 기다리고 있다."

"집에 와서 글 삭제해라. 글 계속 놔두면 안 좋다. 근데, 글 왜 올렸는데?"

"그럴 만한 이유가 있었다."

"집에 와서 빨리 삭제해라."

이러면서 짜증 섞인 목소리로 몇 분간 통화를 하다가 끝냈다. 집에 돌아가기가 두려울 정도로 엄마는 화가 나 있었다. 집에 돌아오니 또 짜증 섞인 목소리로 나한테 말했다. 성도고 1학년 이상현 〈삭제〉의 한 대목

㉯ 아무 생각도 없이 집을 나와 가다 보니 어느새 교실이다. 머리가 아팠지만 숙제 안 한 게 있어서 왼손을 이마에 대고 겨우 숙제를 했다. 잠시 엎드려 있으니 아침 조례 시간이다. 조례 끝나고 선생님께 말씀드려 보자. '설마 어머니가 전화 하겠어?' 하는데 웬일? 운동장 조회를 한다는 것이다. 신은 날 저주하는 걸까? 운동장에서 얼마나 서 있어야 하는 거야. 이렇게 되면 교무실로 직접 찾아가서 말씀드려야 하나. 음, 오늘 사회 들었네. 담임선생님 들어오시니까 그때 말씀드리자.

3교시가 끝나려고 할 때, 선생님께서 나에게 교무실로 따라오라고 하신다.

어머니가 전화를 하신 건가? 아무튼 난 선생님 뒤를 힘없이 따라갔다. 꼭 사고를 치고 선생님께 불려 가는 모습 같다. 선생님 책상에 다 왔다. 선생님께선 의자에 앉으시고, 잠시 가만히 있으셨다. 바로 옆 책상은 나와 이름이 같은 선생님이 계시는 자리다. 그걸 의식하셨는지 담임선생님

은 내 이름을 부르지 않는다.

"야, 아침에 어머니한테 전화가 왔는데, 야구 응원하러 못 간다면서?"

"예."

어머니가 그러셨나? 아프다고는 하지 않고 그냥 야구장에 못 간다고 하신 건 아니겠지.

"왜 못 가는데?"

"머리하고 배가 아파서……."

정말 아파서 그런지 말도 끝까지 안 나온다.

"왜 아픈데? 아프면 차라리 학교에 오지 말고 병원이나 가지."

평소 생각했던 선생님과 다른 느낌이다.

"왜 아픈데?"

왜 아퍼? 아프다고 하는데 특별한 이유가 있어야 하나? 분명히 난 아침에 일어났을 때부터 아팠던 게 단데.

"모르겠어요."

"왜 몰라?"

"……."

정말 아픈 사람 세워 놓고 뭘 하시는 건지 모르겠다.

"너 내성적이라면서?"

"예."

내성적? 그냥 대답을 하긴 했는데, 어째서 내가 내성적이지. 다른 사람보다 말수가 적은 건 사실이지만 내성적인 것까지는 아니다. 그러면 어디서? 어머니가 말했을 리는 없고. 아! 생활누가기록카드. 누가기록카드 성격 적는 난에 단점으로 '말수가 적다'고 적으려고 했는데, 이것은 '입이 무겁다'는 말도 되므로 '내성적'이라고 적었던 기억이 스친다.

"왜 내성적인데?"

어느 누구에게 이런 질문을 했을 때 대답을 하는 사람은 거의 없을 것이다. 선생님도 그걸 아실 텐데. 날 놀리는 건지 뭔지. 나도 물론 대답은 나오지 않았다. 부산고 2학년 김종현

〈조퇴〉의 한 대목

다음 글을 보자. 글 ㉓는 말을 주고받을 때 목소리나 표정, 태도, 동작 하나까지도 자세하게 그리고 있다. ㉔는 속으로 중얼거린 말을 제법 길게 펼쳐 놓았다. 글을 읽어 보면 상황이 아주 자세하게 되살아나고, 또 주인공의 마음을 더 깊이 이해할 수 있다. 이것을 아이들에게 설명으로 지도하는 것보다, 보기 글을 읽어 주다가 이런 대목이 나오면 아이들 주의를 집중시

킨 다음 다시 들려주는 방법이 좋다.

㉰ 아빠는 내 성적표를 보면서 할 말을 잃은 표정으로 있으시다가 한숨을 쉬셨다. 엄마는 그 옆에서 걱정된 표정으로 앉아 계셨다.

한참 그렇게 다들 말이 없다가 아빠가 처음으로 입을 여셨다.

"니, 꿈이 뭔데?"

나는 눈치를 보다가 기어들어 가는 목소리로 말했다.

"광고업계나 디자인 쪽이요."

"그거 할라 하면 무슨 공부 해야 되는데?"

"그 광고·홍보학과나 디자인 학부나."

"그럼 니, 이과 가지 말고 문과 갔어야 했네."

"……."

둘 다 잠깐 동안 말이 없다가 다시 아빠가 입을 여셨다.

"니, 그럼 그동안 무슨 일이 일어났노? 뭐 때문에 성적이 떨어졌다고 생각하노. 말해 봐라."

한참 동안 다시 눈치를 보다가 입을 열었다.

"내가 공부를 왜 해야 하는지 몰랐어요. 대학이니 이런 것도 꼭 가야 되는지. 그리고……."

또 요즘에 겪고 있던 고민 여러 가지를 조심스럽게 털어 놓았다.

"그래, 그래 가지고 그렇게 성적을 말아 처먹었단 말이 가?"

갑자기 아빠가 성난 목소리로 말을 끊으셨다.

"응, 이 새끼야?"

그러면서 벌떡 일어나셨다.

"완전히 이거 개판이네 개판. 국어 이게 뭐고? 영어는 또 와 이리 못 쳤노? 그리고."

성큼성큼 다가오시더니,

"야 이 새끼야, 수학 학원을 다녔는데도 이따구야!"

내 뒤통수를 세게 내리쳤다.

픽.

맞은 곳이 멍 울리더니 갑자기 울컥하기도 했고 화도 났 다. 성적 하나 때문에 이렇게 혼나야 되나.

"수학 학원을! 다니는데도! 이따구로 나와!"

말이 한 마디, 한 마디 끊길 때마다 뒤통수에 손바닥이 오 고 갔다. ○○고 2학년 신용기 〈여름방학 날의 외출〉의 한 대목

㉺ 갑자기 아빠가 내 왼손을 쳐 내렸다. 속으로 '깜짝' 했다.

"악수는 오른손으로 하는 거야."

크게 호통쳤다.

오른손을 멈칫거렸다. 오른손으로 마주 잡아야 할까? 아주 천천히 손을 올렸다. 내 손 위치가 아빠와 비슷해졌을 때 아빠는 내 손을 쥐려고 손을 오므렸다. 나는 잡힌 지 1초도 되지 않아 아빠 손에서 내 손을 획 빼 버리고 바로 아빠를 지나쳐 내 방으로 들어가 버렸다.

침대에 등을 기대고 앉았다. 몇 분 동안 멍한 기분으로 병쩌 있었다. 갑자기 눈에서 뚜욱뚜욱 떨어졌다. 손으로 건드려 보았다. 눈물이었다. 울컥 서러움이 강한 파도처럼 훅 밀려왔다. 눈가는 한동안 건조해질 틈이 없었다.

내가 여자라서 이런 취급을 받는 건가? 내가 어리다는 이유로 이런 말을 듣는 건가? 몇 분 전까지만 해도 사랑한다고 했으면서. 남도 아닌 가족인데 왜 집에서 소홀하게 대접받는 걸까? 꼭 나뿐만이 아니더라도 엄마를 보고 온몸으로 느낀다. 가정주부라는 직업이 집안에서 갖는 한계와 밖에서 돈을 벌지 않는 자가 가족 내에서 자리 잡는 위치를 생각하며 비애를 느꼈다. 돈을 가지고 위치를 정하게 되면 아무 말도 꺼낼 수 없는 처지의 사람. 한국의 공식적 정치 형태는 민주주의이지만 한 가정 내에 만연하는 구조는 독재였던 것이다. 우리 집안의 독재자는 나에게 참 폭력적이었다. '쌍년' '반죽임 당하고 싶냐' '네 인생에 오점을 남길 행동이라고' '안경 벗어라' '손 날라간다'

나는 '안경 벗어라'에 얽힌 몇 가지 이야기를 가지고 있다. 이야기들 가운데 하나를 얘기해 보고자 한다. 내가 한창 예민해졌을 무렵, 아빠는 내게 자주 화를 내셨다. 어떤 날은 아빠가 내 방에 들어오고선 몇 마디 이야기를 하다가 갑자기 내 방문을 잠갔다. 내 방문은 안쪽에서 잠글 수 있으며 잠그면 밖에서는 안쪽으로 들어오지 못한다. 그렇다. 엄마는 아빠가 나에게 화내고 손찌검하려 하면 항상 말리니까, 엄마가 밖에서 못 들어오도록 막은 것이다.

나는 방문을 잠그는 아빠를 보고 극도의 불안을 느꼈다. 아빠는 나에게 안경을 벗으라고 말했다. ○○여고 3학년 이준서

〈대한민국 한 가정 안에서 여성이 겪어 낸 이야기〉의 한 대목

마음속으로 중얼거린 말, 속마음, 얼굴 표정, 몸짓, 주변 상황, 이런 것들을 묶어서 나는 알아듣기 쉽게 '의식 흐름'이라고 말했다. 성장소설을 쓸 때 사건이나 대화만 늘어놓지 말고 '의식 흐름'을 섞어 가며 써 보라고 일러 주면 몇몇 아이들은 눈이 반짝한다. 아이들이 글 쓰는 즐거움을 느끼는 것 같다.

글쓴이가 대화나 사건을 서술할 때 속으로 중얼거린 말, 속마음,
얼굴 표정, 몸짓, 주변 상황, 이런 것들을 어떻게 엮어 가는지
눈여겨보면서 읽어 보자. 읽고 나서 인상 깊게 읽은 대목이나
마음에 드는 멋진 표현을 소개하면서, 자기 생각과 느낌을 자유롭게
친구들과 나눠 보자.

대한민국 한 가정 안에서
여성이 겪어 낸 이야기

○○여고 3학년 이준서

때는 중학교, 사춘기가 나를 뒤흔들고 있을 때쯤이었다.
내가 어렸을 시절 나와 아빠의 관계가 어땠는지는 모르겠다만
중학교 때만큼 나쁘지는 않았다.

나는 예전부터 아빠의 드세고 화산 같은 성질을 싫어했
다. 성질 한번 부렸다 하면 유리컵이 날라갔으니 말이다.

중학교 2학년 때, 나는 한창 방황하고 예민해져 있었다.
내가 날카로워지는 데엔 아빠의 역할이 컸다. 아빠는 가부장적
이고 이해나 융통성이라고는 전혀 찾아볼 수 없는 성격이다.
나와 갈등이 극에 달했을 무렵 나는 상담을 하던 중이었다. 상
담은 주로 내 방에서 이루어졌다. 상담 선생님은 나와 상담을

하였지만 한번씩 엄마와도 이야기를 했다. 상담을 하는 기간 동안 일주일에 한 번은 꼭 일이 터졌는데, 웬일인지 평화로운 기간이 꽤 길게 이어지던 어느 날이었다.

해가 지평선 위에 걸려 있던 여름날, 나는 하교 도중에 보지 못했던 문자 메시지를 확인하려고 미확인 메시지 위로 손가락을 올렸다. 엄마한테 온 문자였다.

'아빠 지금 많이 화나 있으니까 집에 오면 말조심해서 해라.'

갑작스레 생뚱맞은 엄마의 통보에 나는 당황스러움 반, 두려움 반으로 엄마에게 통화 버튼을 눌렀다.

"엄마, 아빠가 화났다니, 갑자기 무슨 말이야?"

"몰라. 지금 너거 아빠 엄청 화났어. 집에 오면 조용히 있고 뭐 물어보면 말조심해서 대답하고."

"……."

정말 집에 들어가기 싫은 날이었다. 전화 받은 자리에서 집 대문까지 오는데 온몸에 식은땀이 흐르고 머릿속은 긴장감에 전율이 요동쳤다. 매우 긴장한 채 문손잡이에 손을 올렸다. 아주 천천히 약간 틈을 낸 사이로 눈을 가져다 댔다. 거실에는 다행히도 아빠가 없었다. 나는 그제서야 드르륵 문을 열고 거실로 발을 들였다. 조용히 방에 들어가 가만히 앉아 남은 숙제를 마저 했다.

누가 현관으로 들어오는 소리가 들렸다. 다시 긴장감이 올랐다. 나는 밖에서 들리는 소리에 신경을 곤두세웠다. 잠시 후 거실에서 무겁고 딱딱한 목소리로 내 이름을 불렀다. 올 것이 왔구나. 긴장 탓에 속이 울렁거렸다. 문을 열고 나갔다.

"거기 앉아라. 내가 널 왜 불렀는지 아나?"

"아니요."

어떤 말이 나올지 감을 잡을 수 없었다. 내가 뭐 잘못한 게 있나? 내가 상담 선생님께 뭐 함부로 말한 게 있나?

난 고개를 숙였다.

"니 자살하고 싶다고 한 거 엄마한테 들었다. 맞나?"

"…… 네."

나는 고개를 들지 않았다.

"그럼 저 창문 열고 나가 떨어져 죽어라."

나는 가만히 있었다. 그러자 아빠가 나한테 다가올 것처럼 자리에서 몸을 뗐다. 나는 나를 때리러 오는가 싶어서 자리에서 벌떡 일어났다. 그리고 현관을 향해 발을 옮기는데 엄마가 갑자기 나타나서 나를 막았다. 필사적으로, 정말 필사적으로 막았다. 그러자 아빠는 그런 엄마를 방해하지 말라고 밀었다. 나는 머릿속이 캄캄해진 채 내 앞을 가로막는 엄마 앞에 서 있었다.

엄마는 나에게 호소하듯 말했다.

"아빠한테 잘못했다고 말씀드려. 얼른."

나는 아무 생각이 떠오르지 않았다. 내가 아무 말도 않자 갑자기 아빠는 나를 향해 때릴 듯이 분노한 걸음으로 걸어왔다. 반사적으로 내 입에서 말이 나왔다.

"잘못했어요! 잘못했어요! 잘못했어요!"

아빠는 다시 나를 향해 고함을 질렀다.

"나가 죽어! 떨어져 죽어 버려! 호적에서도 지울 거야!"

나는 다시 현관으로 가려 했지만 엄마가 또다시 막았다.

"아직 어려서 그래요."

"사춘기잖아요."

"그런 생각 충분히 할 수 있는 나이라고요."

"당신도 잘못한 거 알고 있어요?"

엄마는 나를 막으면서 이 말들을 하고 또 하고 거듭해서 말했다. 엄마는 아빠를 진정시키려 안간힘을 썼지만 아빠는 조금도 변함이 없었다.

"그래도 이건 아니야!"

이어서

"짐 싸 들고 나가!"

이 말에 나는 방으로 들어가 필요한 책과 필통을 챙겨서 가방을 어깨에 멨다. 그리고 거실로 나갔다. 엄마가 내 가방을 바로 벗겨 내 도로 바닥에 내려놓았다. 내가 다시 가방을 메려 하자 엄마가 안 된다며 가방을 붙잡았다. 그러고선 엄마가 나를 방에 데리고 들어와서 나를 진정시키려 했다. 아빠도 따라 들어와 소리쳤다.

"니 방에 있는 책들 내가 모조리 버릴 거니까 전부 꺼내!"

나는 몇백 권이 넘는 책을 어떻게 꺼낼지 잠시 망설이다가 한 뼘 정도씩 집어서 바닥에 내려놓기 시작했다. 몇 분간 그 일을 반복하고 있는데 아빠가 현관 밖으로 나가는 소리가 들렸다. 얼마 지나지 않아 거실로 뛰어 들어오더니 내 방에 나타났다. 몹시 흥분해서 얼굴이 발갛게 상기된 채로 손엔 야구방망이를 쥐고 있었다. 나는 그때 아빠의 모습을 지금도 또렷이 기억한다. 그 얼굴 표정과 취하던 자세 그리고 분노로 타오르던 눈빛까지도.

엄마는 흥분한 아빠를 온몸을 던져 막았다. 엄마라는 방패 뒤에 나와 그리고 내 책장은 두려움에 떨면서 슬프게도 그 상황을 울면서 지켜보기만 했다. 그렇다. 맹수 앞에 토끼 꼴이었다.

그 야구방망이를 휘둘러 부수려 했던 것이 나였는지 혹은 내 뒤의 책장이었는지 아직까지 나는 잘 모르겠다.

　엄마는 필사적으로 아빠를 막았고, 아빠는 또다시 나가라고 소리를 질렀다. 내가 아까 현관으로 나가려 하니까 나를 때리려고 손을 위로 들길래, 무서워서 현관으로 나가는 것보다 내 방 창문이 낫겠다고 생각했다. 내 방 창문이 현관과 이어져 있다.

　침대 위로 올라가 창문을 여는데 엄마가 내 의도를 알았는지, 처음에는 내 바짓가랑이와 옷자락을 잡더니 역부족이라 느꼈는지 내 팔을 두 손으로 부여잡았다.

　"준서야! 가면 안 돼! 엄마가 잘못했어. 엄마가 이렇게 빌께."

　나는 이제 이런 일들에 진절머리가 나서 엄마 손을 내 팔에서 무자비하게 떼어 냈다.

　"그만해. 나갈 거야. 이거 놔."

　나는 더 이상은 못 참겠다는 충동과 이제 한계를 넘어서 더 이상 이곳에 있고 싶지 않다는 생각들로 머릿속이 가득했다. 이곳을 벗어나려 창틀로 발을 디디려는 때였다.

　"준서야 제발, 너 없으면 내가 이 집에서 어떻게 살아."

　그 말이 내 귀에 꽂힌 뒤로 나는 더 이상 움직일 수 없었다. 엄마한테 연민 같은 감정이 들면서 엄마를 여기에 혼자 두고

가 버릴 수 없다는 생각이 들었던 것 같다. 그 자리에서 나는 서럽게 울어 버렸다. 이도 저도 할 수 없었던 나는 그토록 무력한 존재였던 것이다. 그 뒤로 나는 어떤 정신으로 잠들었는지 또렷한 기억을 가지고 있지는 않다.

날이 밝아 똑같은 일과를 마치고 집에 도착했더니 아빠가 큰방 컴퓨터 의자 앞에 앉아 계셨다. 나를 부르는 소리가 들려, 나는 가방을 내 방에 내려놓고 큰방으로 갔다. 엄마는 내 옆에 서 있었고 나는 아빠를 마주 본 채로 섰다.

"내가 니 땜에 너무 스트레스를 받아 낮에 술 마시고 집에 왔다."

나는 아무 말도 하지 않았다. 아빠는 나를 원망스럽게 쳐다봤고 나는 침묵을 유지했다.

"나한테 할 말 없나?"

나는 바로 입을 열지 않았다. 무슨 말을 해야 할지 생각했다.

"죄송해요."

"뭐가 죄송한데?"

"자살할 거라고 말한 거요."

"그게 정말 죄송하긴 하나?"

"네."

나는 상황을 끝내고 싶었다.

아빠는 항상 내가 개같이 빌고 사죄를 하는 중에도 성질이 안 풀리면 나를 때리려 다가왔고 나는 도망치느라 바빴다. 오늘은 좀 잠잠했다.

"니 방으로 가라."

나는 뒤돌아 내 방으로 들어갔다. 그렇게 내 자살 사건은 마무리되었다.

얼마 전이었다. 고3 1학기 중간고사를 치기 5일 남았던 날 저녁이었다. 밤 10시까지 하는 야자를 마치고 집에 온 뒤, 올 때 편의점에 들러서 산 토스트와 삼각김밥을 데워 거실에서 먹고 있었다. 토스트를 해치우고 삼각김밥을 다 먹어 갈 무렵 아빠가 다가왔다. 아빠는 기분이 좋아 보였고, 나를 사랑한다고 말하며 손을 잡아 달라고 요구했다. 하지만 나는 아빠와 어떤 접촉도 싫었다. 나는 싫다고 도리도리 고개를 저었다. 그렇다. 나에게는 내 몸에 대한 자유가 있다. 접촉 요구를 거부할 권리가 있는 것이다. 유감스럽게도 아빠는 항상 자신의 말에 대한 거절을, 자신을 미워하고 무시한다고 받아들인다. 아빠는 계속해서 악수하자는 요구를 해 왔다. 나는 하나같이 거부했다. 자리를 뜨려고 하니 아빠가 나를 막아섰다. 나는 하지 말라고 하였지만 아빠는 손을 계속 내밀었다. 나는 옆에 있는 엄마에게 안겼다. 도대체 왜 그러는지 이해할 수 없었다.

그렇게 몇 분간 실랑이를 벌이다가 아빠는 소파에서 일어서서 나에게 다가섰다. 나에게 익숙한 모습을 보이기 시작했다. 시뻘겋게 상기된 얼굴에 격앙된 말투로 나를 향해 위협하는 말을 하기 시작했다. 많이, 정말 많이 들어 왔고 듣고서 정말 슬펐던 말.

"니 인생 종결짓고 싶나? 니 반죽임 당하기 싫으면 이번이 마지막 기회일 거다. 니 인생에서 두고두고 후회할 일이 생길 거라고!!"

정말 귀에 익숙한 말들이었다. 하지만 어째 이 두려움만은 익숙해지지 않는 걸까. 처음 들을 때부터 느껴 왔던 공포감이 그대로 느껴졌다. 나는 두려움 앞에 무릎을 꿇어야만 했다. 결국 나는 내 왼손을 내밀었다. 오른손은 공부할 때 필기하거나 밥 먹을 때 쓰는 손이었기에 마주 잡기 싫었다.

갑자기 아빠가 내 왼손을 쳐 내렸다. 속으로 '깜짝' 했다.

"악수는 오른손으로 하는 거야."

크게 호통쳤다.

오른손을 멈칫거렸다. 오른손으로 마주 잡아야 할까? 아주 천천히 손을 올렸다. 내 손 위치가 아빠와 비슷해졌을 때 아빠는 내 손을 쥐려고 손을 오므렸다. 나는 잡힌 지 1초도 되지 않아 아빠 손에서 내 손을 획 빼 버리고 바로 아빠를 지나쳐 내 방으로 들어가 버렸다.

침대에 등을 기대고 앉았다. 몇 분 동안 멍한 기분으로 병 쩌 있었다. 갑자기 눈에서 뚜욱뚜욱 떨어졌다. 손으로 건드려 보았다. 눈물이었다. 울컥 서러움이 강한 파도처럼 훅 밀려왔 다. 눈가는 한동안 건조해질 틈이 없었다.

내가 여자라서 이런 취급을 받는 건가? 내가 어리다는 이 유로 이런 말을 듣는 건가? 몇 분 전까지만 해도 사랑한다고 했 으면서. 남도 아닌 가족인데 왜 집에서 소홀하게 대접받는 걸 까? 꼭 나뿐만이 아니더라도 엄마를 보고 온몸으로 느낀다. 가 정주부라는 직업이 집안에서 갖는 한계와 밖에서 돈을 벌지 않는 자가 가족 내에서 자리 잡는 위치를 생각하며 비애를 느 꼈다. 돈을 가지고 위치를 정하게 되면 아무 말도 꺼낼 수 없는 처지의 사람. 한국의 공식적 정치 형태는 민주주의이지만 한 가정 내에 만연하는 구조는 독재였던 것이다. 우리 집안의 독 재자는 나에게 참 폭력적이었다. '쌍년' '반죽임 당하고 싶나' '네 인생에 오점을 남길 행동이라고' '안경 벗어라' '손 날라 간다'

나는 '안경 벗어라'에 얽힌 몇 가지 이야기를 가지고 있다.

이야기들 가운데 하나를 얘기해 보고자 한다. 내가 한창 예민해졌을 무렵, 아빠는 내게 자주 화를 내셨다. 어떤 날은 아빠가 내 방에 들어오고선 몇 마디 이야기를 하다가 갑자기 내 방문을 잠갔다. 내 방문은 안쪽에서 잠글 수 있으며 잠그면 밖에서는 안쪽으로 들어오지 못한다. 그렇다. 엄마는 아빠가 나에게 화내고 손찌검하려 하면 항상 말리니까, 엄마가 밖에서 못 들어오도록 막은 것이다.

나는 방문을 잠그는 아빠를 보고 극도의 불안을 느꼈다. 아빠는 나에게 안경을 벗으라고 말했다. 나는 그 말을 듣자마자 벌떡 일어나 의자 뒤로 갔다. 항상 같은 레퍼토리처럼 나는 또 울면서 아빠한테 때리지 말아 달라고 빌었다. 내가 처음 말했을 때 아빠는 아랑곳하지 않고 다시 안경을 벗으라고 했다. 아빠의 눈빛은 아주 굶주린 초원의 맹수가 먹이를 볼 때, 시선을 먹이 딱 한곳으로 고정시키고 죽일 듯이 노려보는 것과 같았다. 내 다리는 공포에 질려 후들후들 떨렸다. 사람들은 함부로 '후달리네' 이 말을 쓰곤 한다. 하지만 정말 후달림을 느낀 사람은 얼마나 무섭고 두려운지 입 밖으로 말을 낼 수 없다는 것을 안다.

이 일이 일어난 장소에서 또 하나 일어난 일이 있었다. 내가 치아 교정하고 있었을 때였으니 아마 중학교 3학년쯤이었을 것이다. 약간 심하다 싶은 반항이 나에게 늘 달라붙어 있었다.

어느 날 아빠가 내 방에 들어왔다. 아빠가 내 행동이 괘씸했는지 나보고 안경을 벗으라고 했다. 어린 나는 뭣도 모르고 안경을 벗었는데 내가 보고 있던 세상이 피잉 하고 돌아갔다. 안경을 벗자마자 바로 손이 날아와 내 뺨을 강타한 것이었다. 그렇게 양 볼 뺨을 연속해서 맞았는데 왼쪽 오른쪽 각각 7대 5대 정도 맞았다. 맞은 개수가 정확하지는 않을 수도 있다. 뺨이 한 대씩 맞을 때 너무 얼얼하고 세상이 아리게 느껴졌다. 아빠는 때리고 나서 뭐라 화를 내더니 거실로 나가 소파에 앉아서 TV를 마저 봤다. 양 볼이 얼얼한 느낌에 정확히 어디가 아픈지 구분이 가질 않았다. 입안도 아린 느낌에 입을 벌려 보았는데 입술과 혀, 입안이 다 터져 구강 내부가 피로 흥건했다. 교정기에 찢어진 입안의 피를 휴지로 닦아 내고 있을 때, 엄마가 저녁 먹으러 나오라고 하셨다. 혼자 먹었던 저녁 메뉴는 우동이었다. 휴지 세 장을 뽑아서 다시 혀랑 잇몸이랑 볼 천장의 구석까지 남아 있는 피를 닦아 냈다. 그날은 유난히 더 뜨겁고 아픈 우동을 먹었다. 여전히 지금 내 왼쪽 볼 안은 교정기가 찍어 눌러서 뚫어 놓은 그때의 흉터가 남아 있다. 지금도 가글을 할 때면 그 자리가 욱신거리고 따끔거리는 게 그때 그 기억을 떠

올리게 한다. 2018년 5월 11일

» 우리나라는 민주주의 국가인데 각 가정에서는 독재가 만
  연하다는 내용이 인상 깊었다. 또한 주인공의 생각과 감정
  을 덤덤하게 풀어 나가는 것이 더 마음 아팠다.

» 아버지라는 사람이 하는 말들을 중간에 나열을 해 놓고
  그중 '안경 벗어라' 한 가지를 예시로 든 것이 굉장히 흥미
  로웠고 몰입을 더 잘하게 만들어 준 것 같다. 그리고 내용
  이 생생해서 주인공의 머릿속까지 들여다보는 듯한 느낌
  이었다.

» 야자가 끝난 10시라는 늦은 시간을 구체적으로 제시해 주
  면서 아빠에 대한 두려움과 공포가 더 극대화될 수 있었
  던 것 같다.

» 자신의 속마음과 감정들을 드러내는 말들을 사용해서 글
  쓴이가 어떤 상황이고 어떤 감정을 느꼈는지 더 잘 이해
  가 된 것 같다.

» 여러 사건을 시간이나 공간을 이용해 매끄럽게 연결해서
  몰입이 더 잘되었다.

» 내가 그 당사자가 아님에도 생생한 말 표현과 시간과 장
  소를 구체적으로 얘기하여 주인공의 감정을 더 깊게 이해

할 수 있었다.

» 글쓴이가 이야기를 굉장히 사실적으로 써서 실제 이야기를 듣는 것처럼 느껴졌다.

» 대화체에서 사이사이에 자신의 생각을 표현한 부분이 좋았고, 가족 간에 없어야 할 뚜렷한 서열이 나타나는 것이 너무 안타까웠다.

» 마지막 부분에 아직도 가글을 하면 그 상처가 아프다는 표현을 통해 그때의 마음의 상처가 아직 다 낫지 않았다는 것을 비유적으로 나타낸 것이 인상 깊었습니다.

» 내가 직접 겪지는 않았지만 이 글을 보니 내가 직접 겪는 듯한 느낌이 들었고, 아빠의 독재적인 모습이 잘 드러난 것 같다. 집이라는 공간은 편안해야 되는데 저런 상황이면 집에 들어가기 무서웠을 거 같다.

» 이 글이 정말 거짓말이라고 하였으면 좋겠다고 생각할 정도로 너무 충격적이었고, 뺨을 맞고 우동을 먹는데 그날따라 뜨겁다고 할 때 너무 슬펐습니다.

» 아무리 사춘기가 와서 예의가 없어도 그런 시기에 있는 아이를 이해해 줘야지, 그렇게 대하면 아이가 아빠를 좋아할 일은 없을 것이다. 이야기를 듣는 내내 너무 몰입이 됐다.

» 평소에 소설책을 자주 읽는 편인데 이 소설은 아주 잘 쓴 것 같다. 읽는 동안 눈을 뗄 수 없었으며, 주인공이 아버지께 악수를 강요당할 때 그 심정이 아주 잘 이해되었으며, 그 후에 혼날 때 너무 생생하게 표현해서 나까지 무서워졌다.

» 결혼은 대체 어떻게 하신 건지. 세상에 저런 아빠도 있구나를 느꼈고 저런 사람은 아빠라는 소리를 들을 자격이 없는 것 같다고 생각한다. 아무리 아버지라고 하여도 저건 아닌 거 같다.

» 창문으로 그냥 나가 떨어져 죽으라는 소리를 하고 폭력을 휘두른 아빠가 과연 아빠가 맞는가 하는 생각이 든다.

» 앞에 〈내 일기장〉도 그렇고 오늘 읽은 것도 그렇고 이런 아빠들이 생각보다 많다는 사실이 슬퍼졌다.

» 도대체 애들 뺨따구는 왜 맨날 때리는지 모르겠다. 자기 자식이 자살하고 싶다는데 왜 자식이 잘못한 거라고 생각하는지 이해를 못 하겠다.

» 시간의 이동이 물 흐르듯 자연스럽고, 대화문에서 주인공의 감정을 더 잘 느끼게 감정까지 나타내 주는 것이 좋았다. 그리고 단어의 표현이 되게 좋았다.

» 난 저 아버지처럼 자기 기분에 따라 행동하는 사람들을

정말 싫어한다. 내가 저런 아버지 밑에서 살았더라면 이미 가출했을 것 같다.

» 엄마에게 연민을 느낀 장면이 인상 깊었다. 매번 가해자는 멀쩡한데 피해자끼리만 연민을 느끼며 살아가는 우리 사회를 보여 준 것 같았다.

5

서사문과 설명문은
무엇이 어떻게 다를까?

이야기글을 쓸 때 또 하나 마음 쓸 일은 풀이말의 때매김(시제)이다. 자라 온 이야기, 서사문를 써내라고 했는데, 몇몇 아이들은 서사문이 아닌 설명문을 써서 내기도 한다. 식구 이야기를 쓰라고 하면 식구 소개를 해 놓거나, 자라 온 이야기를 쓰라고 하면 자기를 소개한 글을 종종 본다.

설명과 서사는 지식이나 정보를 전달하느냐, 혹은 무슨 일이 일어났는지 사건을 전달하느냐 하는 전달 목적에도 차이가 있지만, 더 뚜렷한 차이는 때매김*에 있다. 설명문은 언제나 현재형이고, 서사문은 기본 진술이 과거형인데 사이사이 현재형이 섞이기도 한다. 설명문은 지난 일이라 하더라도 과거 경험을 종합해서 지금 알고 있는 정보를 전달하기에 현재형을 쓸 수밖에 없다. 가전제품 설명서를 눈여겨보면 모두 현재형임을 알 수 있다. 간혹 설명문에도 과거형이 쓰일 때가 있는데, 이는 과거 사건을 선택해서 그 사건을 설명하는 경우이다. 그러나 서사문은 어느 특정한 때에 일어났던 일을 들려주기에 주된 진술이 과거형이 될 수밖에 없다. 사이사이 현재형을 쓰기도 하는데, 현재형을 쓴 곳은 이야기를 들려주는 사람 마음이 대상(인물이나 사건)에 아주 가까이 다가가서 읽는 사람이 더욱 생생한 느낌을 받는다.

다음 두 글은 담긴 내용은 같지만 ㉮는 설명문이고 ㉯는 서사문이다. ㉯는 ㉮글이 이야기글 꼴을 갖추도록 다시 고쳐 써 본 것이다.

㉮ 나는 아빠가 정말로 짜증 난다. 우리 아빠는 내가 집에 오기만 하면 장난을 친다. 아무래도 아빠는 내가 오기 전에 장난을 생각하고 있는 것 같다. 그런데 드디어 사건이 터지고 말았다. 아빠가 컴퓨터로 숙제를 하고 있는 언니의 목을 졸라서 언니야가 울음을 터트린 것이다. 그래서 나는 아빠가 너무 싫다. 장난도 재미있게 하는 장난이 아니라 거의 때리는 장난이기 때문이다. 그래서 나는 당연히 아빠보다 엄마가 더 좋다. 엄마가 나를 혼낼 때 아빠가 옆에서 거들먹거리기 때문이다. 옛말에 때리는 시어머니보다 말리는 시누이가 밉다던데 아빠가 딱 그 말리는 시누이다.

이런저런 이유도 있고 해서 나는 아빠가 정말 짜증 난다. 그리고 아빠가 한 장난을 합치면 100번도 넘을 것이다.

○○고 1학년 〈짜증 나는 아빠〉

㉯ 언니는 12시가 넘었는데도 자지 않고 자기 방에서 컴퓨터로 오락을 하고 있었다. 그때 아버지가 들어왔다. 아버지는 어디서 술을 한잔하신 것 같았다. 나는 거실 소파에 누워 있었다. 일부러 자는 척하고 가만히 있었다. 언니는 게임에 빠져 아버지가 들어오는 줄도 몰랐다. 아버지는 살금살금 언니 쪽으로 걸어갔다. 그러더니 갑자기 뒤에서 언니 목을 꽉 쥐어 잡았다. 언니는 놀라기도 하고 숨이 막혀 막 비명을 질렀다. 그래도 아빠는 풀어 주지 않았다. 끝내 언니가 울음을 터뜨린 다음에야 놓아주셨다.

㉮는 "말았다" 한 곳을 빼고는 때매김이 모두 현재이다. 어느 때, 어느 곳에서 겪은 일을 붙잡아 쓰지 않고 날마다 있는 일을 쓰다 보니 설명하는 글이 되고 말았다. 이렇게 이야기글을 쓴다고 시작했지만 설명하는 글이 되는 수가 더러 있다. 어느 때, 어느 곳에서 보고 듣고 겪은 일을 쓰려고 하면 자연스럽게 때매김은 ㉯와 같이 과거가 된다.

다음 ㉰글에서 풀이말의 때매김을 눈여겨보자.

㉰ 내가 태어난 곳은 인천이지만 본적은 서산으로 되어 있다. 그리고 난 태어나서부터 문제가 많았다고 하지만 무슨 문제인지는 통 모르겠다. 태어나서부터 병에 걸려 병원에 다녔지만 병원마다 포기하라는 지경까지 왔다가 겨우겨우 살았던 나다. 이런 것 말고 여러 가지 큰 문제가 있었지만 그건 쓰기 곤란하다. 뭐 이런저런 이유로 엄마와 나 단둘이 살고 있다. 내가 어려서부터 난 할머니 손에 맡겨져 키워졌고 엄마는 따로 살았다. 엄마와 함께 살게 된 것이 6학년 말부터였다. 난 어려서부터 외롭고 쓸쓸하다는 것을 느꼈다. 비록 어린 나이지만 나의 마음속에는 그런 것이 즉 외롭고 쓸쓸하다는 것이 언제나 나의 마음속에서 돌아다녔다. 몇 번이나 가출 생각도 하였고 심지어는 자살 생각까지 하여서 칼을 책상에 놔두었던 생각이 난다. 지금도 어쩔 때면 가출, 자살 생각 등을 한다. 하지만 난 도저히 못 할 것 같다. 내가 죽으면 엄마는 어떡하고……. 지금 현재도 난 웃고 다니지만 나의 웃음 뒤에는 쓸쓸함과 외로움이 언제나 있다. 하지만 사람들은 나의 이런 마음을 전혀 모른다. 나의 쓸쓸함과 외로움을…….

지금도 우리 집안은 문제가 많다. 엄마와 나 단둘이 살아서인지 그런 것 같지 않지만 언제나 경제 즉, 돈에 시달린다. 난 여동생이나 있었으면 좋겠다. 난 외아들이기 때문에 언제나 집에 가면 나 혼자다. 그럴 때면 동생이나 형이 있는 친구들이 부러워서인지 옛날부터 여동생을 갖고 싶었다. 중학교 때에는 너무 쓸쓸하고 외로운 탓인지 여자 친구를 사귀어 보았지만 얼마 안 가고 헤어졌다. 몇 달 전에도 다른 여자 친구를 사귀어 보았지만 몇 주 전에 헤어지고 그냥 가끔 만나고 전화 통화만 한다. 이런 것들이 나를 더 외롭고 쓸쓸하게 한다. 이런 탓인지 나의 성격은 소극적이다. 지금 현재는 소극적에서 적극적으로 성격을 바꾸어 보려고 노력 중이다. 하지만 역시 힘이 든다. ○○고 1학년 〈살아온 이야기〉

밑줄 그은 곳이 모두 스물다섯 곳인데 그 가운데 여섯 곳만 과거형이고 나머지는 모두 현재형이거나 미래형이다. 진술이 과거형인지 현재형인지 따지기에 앞서, 이 글은 사건 하나를 붙잡아서 풀어내지 못했다. 자기의 외롭고 힘든 처지와 딱한 집안 사정을 쭉 나열하면서 설명하는 데서 그치고 말았다. 이것을 자세히 풀어내자면, 주된 진술은 현재형이 아니라 과거형이 되어야 한다. 과거형으로 진술했다고 해서 모두 서사문이 되는 것은 아니지만, 서사문이 되려면 진술이 과거형이어야 한다는 말이다. 과거형 진술은 서사문의 필요 조건인 셈이다.

그런데 아래 보기로 든 ㉣와 ㉤에서는 모든 문장의 마침꼴이 과거인데 밑줄 친 두 곳은 현재이다. 이야기글의 때매김은 과거이지만, 과거의 일을 쓰면서도 이렇게 사이사이에 현재형으로 쓰는 수도 있다. 그것은 사건의 진행을 눈앞에 더욱 생생하게 그려 보이기 위한 것이다.* 지난 일이라 하더라도 마치 지금 막 눈앞에 사건이 펼쳐지는 듯한 느낌을 불러일으킨다.

㉣ 니 이게 뭐꼬?”

엄마가 목소리를 낮추어 말했다.

“뭘?”

언니는 아무렇지 않게 말했다.

“이게 뭐꼬?”

엄마는 다시 한번 물었다. 표정이 점점 안 좋아진다.

“뭐?”

언니는 똑같은 대답이었다. 나와 동생은 엄마가 기분이 안 좋아 보여서 방에 들어와 문을 닫고 숨죽이고 들었다.

잠시 아무 말도 없더니 엄마가 소리를 질렀다. 엄마가 울면서 말한다.

"내가 너를 어떻게 키웠는데 엄마한테 이럴 수가 있노. 어떻게! 내가 니 땜에 못 산다. 엄마는 살라고 악착같이 살아왔는데 니가 엄마를 죽인다 죽여. 엄마는 열심히 살면 될 줄 알았는데⋯⋯." 연제고 1학년 박지민 〈엄마〉의 한 대목

㉤ 서면에 무슨 은행 뒤로 갔다. 우리를 벽 쪽으로 서라 했다. 우린 한쪽으로 섰다. 3학년 형님들은 담배를 피면서 앉아 있었다. '아! 여서 이제 다 뒤지겠네' 하고 생각할 때 지민이 형님이 일어섰다.

"마, 준호. 니 이래 맞는 거 열 안 받나? 일로 와 봐라."

"예."

"앉아라."

"예."

"니랑 내랑 묵고 3학년 점마들 죽이까?"

준호는 조용히 있었다. 장난 같았기 때문에 당연히 아무 말도 할 수 없었다.

"마, 준호. 할래? 말래?"

그러면서 그 큰 키에 꽉 낀 240미리 아식스 조깅화를 신고 준호 코짠디를 운동화 콧대로 축구공 차듯이 찍는다.

"아~ 아~"

피가 흘러내렸다. 휴지를 주면서 우리보고 닦으라고 했다. 코뼈가 부러진 거 같다. 나머지 형님들이 지민이 형님보고 "지미, 준호 임마는 이제 보내 주자" 하니까 지랄하지 말라고 했다. ○○상고 3학년 강재민 〈살면서 가장 무서웠던 날〉의 한 대목

아래 글을 살펴보자. 박경리가 쓴 소설 《토지》에서 옮겨왔다.

갓을 내려 쓴 사나이는 사랑으로 들어갔고 서희도 연학을 거느리고 사랑에 든다. 연학은 물러나 사랑과 안채 사이의 문을 지키고 선다. 사나이는 서희가 방으로 들어섰는데도 얼굴을 들지 않았다. 길상이를 예감했던 서희 얼굴에 실망의 빛이 역력했다.

"밤중에 무슨 일로 오시었소."

사내는 갓을 벗었다. 상투는 없고 자른 머리다.

"오래간만일세."

서희는 얼굴이 새파랗게 질린다. 구천이, 아니 김환이었던 것이다.

"놀라게 해서 미안하네."

서희 얼굴을 똑바로 쳐다본다. 박경리 《토지》의 한 대목

위 글에서 때매김를 눈여겨보면, 과거와 현재가 서로 건너뛰면서 넘나들고 있다는 것을 알 수 있다. 그래도 조금도 어색하지 않고 자연스럽다. 첫 문장에서, 갓을 내려 쓴 사나이가 사랑으로 들어설 때는 과거이지만 서희와 연학이 사랑으로 들 때는 현재이다. 이 대목에서 이야기를 들려주는 서술자는, 갓을 눌러쓴 사나이를 앞서 보내고 서희와 연학을 따라서 사랑으로 들어서는 듯하다. 그러다가 사나이가 갓을 벗고 얼굴을 드러내어 구천이가 되면 어느새 현재형으로 바뀐다. 이때 서술자는 구천이 쪽으로 한발 다가서는 듯이 보인다. 읽는 독자들도 서술자를 따라 움직인다. 이처럼 이야기에서 때매김은 시간의 움직임을 넘어서, 서술자와 인물과 독자 사이의 거리까지 좁혔다가 늘렸다가 한다.

이야기글을 쓸 때, 설명문이 되지 않도록 조심하라고 일러주면 아이들은 대번 알아차린다. 모든 아이들에게 이렇게까지 세세하게 말해 줄 것까지는 없지 싶다. 그렇더라도 지도하는 교사는 알고 있어야 하기에 설명이 길어졌다. 서사문이 아닌 설명문을 써 온 아이를 따로 불러 지도할 때에는 자세하게 말해 주어도 좋겠다.

다음 글을 때매김(시제)을 어떻게 했는가 눈여겨보면서 읽어 보자. 읽고 나서 인상 깊게 읽은 대목이나 마음에 드는 멋진 표현을 소개하면서, 자기 생각과 느낌을 자유롭게 친구들과 나눠 보자.

좋은 여행

○○고 2학년 서혜인

아빠와 나에겐 풀리지 않는 고질적인 문제가 있었다. 아빠는 지나치게 사소한 일에 폭발한다. 그러면서 나에게 엄마 아빠를 전혀 존중 안 한다는 말을 한다. 그런 일은 정말 사소하다. 예를 들면, 식탁에 내 물건을 올려놓는다거나, 학원 숙제 때문에 동생 방에 컴퓨터를 11시 이후까지 쓴다거나, 12시 이전까지 자지 않는다는 것들이다. 나는 그렇게 자주 폭발하는 아빠가 이해가 되질 않았다. 그래서 아빠한테 항상 따지고 들곤 했다.

그날도 나와 아빠의 서로 다른 성격들이 마찰하다 불이 붙은 날이었다. 솔직히 모든 싸움이 그렇듯 발단은 너무 사소해서 기억도 잘 나지 않는다. 아빠는 나에게 의무도 다하지 않으면서 권리를 주장한다고 말했고, 벽 한 면을 꽉 채운 책장을 엎었다. 내 안경이 날아갈 만큼 오지게 뺨을 맞았다. "삼천만 원 줄 테니 나가라. 학비는 지원해 줄 테니까 이걸로 너랑 나랑은 남이다. 알겠습니까, 서혜인 씨?" 하는 말을 듣고 흰 종이를 건네받았다. 부녀 관계를 끊는다는 말이 적혀 있었다. "내가 부르는 대로 쓰세요" 하는 아빠 말에 따라 글을 쓰고 이름을 쓰고 사인을 했다.

왜 용서를 빌지 않았냐고? 그렇게 말할 수 있는 것은 당신이 우리 집을 모르고, 내가 아니기 때문일 거다. 나는 내가 집을 나가는 게 정말 온 식구에게 도움이 될 거란 걸 잘 알고 있었다. 엄마는 나에게 외할머니 집에 가 있으라며 트렁크를 꺼내왔다. 내일이 개학이니 교복, 얼마나 있을지 모르니 사복, 아끼는 책, 일기장, 미술 도구, 생필품 모은 것들이 그 안에 차곡차곡 들어갔다. 내가 정을 두어 갖고 가고 싶은 물건들은 고작 이게 다구나 싶어 웃음이 픽 났다. 아빠는 거실에 누워 있고 나는 집을 나왔다. 엄마가 인사하라기에 "안녕히 계세요" 하고 나왔다.

할머니는 저녁에 갑자기 찾아온 나를 보고 당황스러워하시며 안 쓰는 방 하나를 내어주셨다. 엄마는 갔고 나는 전기장판에 누워 '좋다'고 생각했다. 우습게도 눈물 한 방울 나오지 않았다. 그저 올 게 왔구나 싶었고, 내일 지각하지 않을까 그 걱정

만을 하며 잠이 들었다.

이튿날 학교엔 늦지 않았다. 2학년 새 담임선생님은 만만해 보이고 바지 핏이 스루핏인 남자 쌤이었다. 그 선생님은 가족관계 칸이 있는 종이를 나누어 주었다. 나는 그 종이를 망연히 바라보았다. '부'에 아빠 이름을 써야 하나. 벌써 호적에서 팠으려나. 그 '가족관계'라는 말이 날카로웠다. 내가 감히 손대도 되는 건가. 펜 끝을 댔다가 뗐다가 결국 이름을 썼다. 왜 그랬는지는 모르겠다. 아마 아직 호적에서 안 팠을 거야 싶어서 그랬겠지. 그날은 '관계'란 말을 참 많이 들었다. 평소 같았으면 그냥 흘러갈 낱말이 자꾸만 자꾸만 박히고 날 후벼 팠다. 문학 시간에 구자행 쌤이 내가 좋아하는 책 《어린 왕자》가 관계를 주제로 한 거죠, 했을 땐 정말 기분이 거지 같았다. 기분전환으로 책이나 읽어야지 싶어 도서실에 갔더니 기행문이 눈에 들어왔다. 잡고 반쯤 뽑았다가 도로 넣었다. 도망치는 것 같아서. 그렇다고 《어린 왕자》를 빌릴 생각 따윈 없었다.

학교에서 야자를 마치고 밤늦게 할머니 집에 돌아왔을 때, 상 위엔 저지방 우유와 고구마 두 개가 얹혀 있었다. 외할머니와 난 도대체 뭐길래 이토록 나를 챙겨 주시는가? 먹으면서 할머니에게 없는 애교를 부리며 고맙다고 했더니, 옆에서 할아버지가 "저렇게 착한 애를 쯧쯧" 그랬다. 외할머니와, 관계와,

고구마, 착한 애…… 나는 방에 들어와 이불에 고개를 처박았다. 도대체 관계가 뭐야? 존중이 어떤 거야?

우습게도 잠자리가 다르다고 내 몸은 여섯 시만 되면 깼다. 집으로 돌아오는 버스가 지나는 정거장이 조금 더 많아지고, 아침에 깼을 때 추운 것 말고는 다를 게 없는 나날이었다. 오히려 편하기까지 했다. 물건이야 웬만한 건 다 들고 왔고, 필요하다 싶은 건 동생에게 가져다 달라고 부탁했으니. 다만 머릿속은 뜨거웠다. 그건 할머니 집에 감도는 차가운 공기도 식히지 못하는 거였다. 머리가 뜨겁든 말든 시간은 잘 갔다.

애들이 "그래도 니 집에 들어가야지. 언제 가는데?" 하고 물었다. '혈연이 별건가?' 싶어 그냥 웃고 말았는데, 그날 아빠가 찾아왔다. 집 나온 지 나흘째 밤이었다. 나는 병든 닭처럼 꾸벅꾸벅 졸고 있었다. 습격처럼 아빠의 목소리가 현관문을 비집고 들어왔을 때, 나는 이미 깨어 있었지만 눈은 그냥 감고 있었다. 할머니가 나를 깨우고, 아빠가 웃는 낯으로 내 방에 들어와 앉았다. 나는 아빠와 눈이 마주치지 않도록 얼굴을 돌렸다.

"괜찮니, 좀."

"……."

"아빠가 생각을 많이 해 봤다."

아빠, 아빠라니. 그 각서, 흰 종이는 불태우셨나. 삼천만 원과 관계를 맞바꾼 그 마법의 종이를? 나는 그냥 아무 말 않았다.

아빠는 할 말이 많은 듯했다.

"아빠가 요즘 심리 치료를 받고 있다. 의사가 나보고 관계를 끊으려고만 한다고, 그러지 말라 그랬는데……. 니랑 이번에…… 그랬지."

"……."

"아빠가 어렸을 때 상처가 많았다. 아버지는…… 그러니까 느이 할아버지는 우리한테 무관심했고, 나는 느이 할머니가 싫었다. 첫째 형이 나를 개 패듯 팼는데 엄마는 형 편만 들었거든. 둘째 형은 사업 말아먹고 이리저리 돈 빌리고 다닐 때, 아빠는 공부하던 거 접고 취직해서 너희 할머니 용돈 드렸다. 버는 거 반은 드렸지. 그러니까 느이 엄마랑 살 때 돈을 못 모았고. 근데 엄마가 주선(둘째 형)이가 주해(아빠)보다 낫다 그러더라. 아빠 너무 섭섭했다. 그래서 뵈러 가지도 않고 용돈도 안 드렸지. 니도 알제? 명절 때만 되면 아빠 한동안 여행 다녔던 거. 그러다 얼마 전 할머니 집 문 앞에서 소리 막 질렀다. 그때 나한테 왜 그랬냐고. 미안하다 그러시더라."

아빠는 그 이후로 말이 없었다.

나는 눈을 내리깔았다. 속이 답답했다. 먹먹했다. 관계가 뭐라고. 아빠랑 내가 무슨 사이라고. 도대체 관계가 뭐길래. 아빠가 불쌍했다.

아빠는 논리 없는 말을 잘했다. 트집도 잘 잡았다. 아빠는 화를 내며 말을 했고, 나는 아빠의 무논리를 잘 파고들었다. 아빠가 틀렸어. 내가 맞아. 어렸을 땐 아빠가 날 바보 취급했지만 아빠도 현명하진 않을걸, 하고 아빠의 묵은 고집을 베어 버리려 했다. 사실 그 고집은 아빠의 방패였다. 덜 상처받으려고 나에게 들이미는 칼날이었다. 아주 무른 칼.

아빠가 떠났다. 나는 그냥 앉아 있다가 풀썩 누웠다. 묵묵한 잠에 휩싸였다. 그 사이엔 아빠의 말이 촘촘하게 박혀 있었다.

토요일. 열 시쯤에 엄마가, 데리러 갈 테니 짐 싸고 있으라고 전화를 했다. 나는 낮잠도 자고 공부도 하면서 시간을 보냈다.

해가 지고 흰색 경차가 도착했다. 캐리어를 끌고 나가는 내게 할머니가 "좋은 여행 하고 가네" 그러셨다. 나는 웃었다.

엄마, 아빠, 동생은 어딜 가던 길이라 나 먼저 집에 내렸다. 원래 내 생일이었던 집 비밀번호가 바뀌어 있었다. 문을 열고 들어간 그곳에는 훈훈한 식구의 공기가 흘렀다. 2014년 3월 24일

133

» 아빠한테 호적에서 판다는 말을 듣고 학교에 와서 가족 관계를 쓸 때, 뭐라고 써야 할지 망설이는 주인공의 심리가 충분히 이해된다.

» 주인공이 아빠에게 일종의 갑질을 당했던 것 같아서 너무 불쌍했고 그래도 잘 살아가고 있는 모습이 대단했다.

» 처음엔 아버지와 다투어 호적까지 파일 만큼 심각한 상황이어서 불쌍하고 슬픈 느낌이었는데, 마지막에 좋은 결말로 끝나 다행이라는 생각이 들었습니다.

» 맨 처음에는 아버지를 이해할 수 없었는데 마지막의 아버지 이야기를 듣고 아버지의 마음을 조금이나마 이해할 수 있었다.

» 아버지의 화로 시작된 여행이었지만 그래도 아버지가 속사정을 알려 주시며 아버지와 화해하면서 훈훈하게 끝내는 여행이 정말 감동적이다. 딸과 화해하는 장면이 정말 인상 깊었다.

» 아버지가 돈 삼천만 원에 혈연관계를 끊어 버린다는 계약서를 작성하라고 할 때 정말 충격적이었다. 하지만 나중에 아버지의 사정을 듣고 나니 이해가 가긴 했다.

» 나중에라도 아빠와 주인공의 사이가 조금이나마 완화된 것 같아서 좋았고 "좋은 여행"이었다는 할머니의 말이 따

뜻하게 느껴졌다.

» 관계와 외할머니, 고구마, 존중, 잠자리, 아침 여섯 시, 아빠와의 관계, 아빠의 무논리 같은 소재가 인상 깊었다.

» 아빠가 글쓴이에게 자주 화를 냈던 게 알고 보니 과거에 자기도 상처가 있었다는 걸 알고 좀 슬펐다. 또 "무른 칼"이라고 한 부분이 인상적이었다.

» 아빠가 상처가 있었다고 해도 우리 아빠가 나한테 호적에서 판다고 나가라고 하면 울 거 같은데 너무 덤덤하게 받아들이는 게 딸도 상처가 많았던 거 같다.

» 집에서 나왔다가 다시 집에 들어갔을 때 훈훈한 식구의 공기가 흘렀다고 한 것을 보고 마음이 뭉클했다.

» 오해를 풀어서 다행이다. 서로의 입장을 헤아리기란 역시 힘든 것 같다. 집에서 나간 걸 좋은 여행이라고 표현한 게 신선했다.

» 아픔을 물려주는 아빠가 마음에 안 든다. 별거 아닌 걸로 화내는 주인공 아빠가 우리 아빠와 닮은 것 같다.

6

그림 그리듯
묘사하기

글을 쓸 때 아이들에게 자세하게 쓰라고 한다. 왜 자세하게 써야 할까?

글을 자세하게 쓴다는 말은 대상을 자세하게 들여다본다는 말이다. 자세하게 쓰려면 먼저 자세하게 보아야 한다. 마음이 쏠리는 대상이나 장면을 놓치지 말고 자세히 살피는 눈을 가져야 한다. 자세히 보게 되면 자기도 모르게 그 대상에 마음이 다가간다. 그리하여 대상에 마음이 머물면서 자기만의 느낌이 일게 된다. 나를 둘러싼 세상을 한발 다가가서 보게 되고, 전에 보지 못했던 모습, 못 보던 진실 같은 것을 발견하기도 한다. 자세하게 쓴 글을 읽으면 말이 공중에 떠 있지 않고 바닥에 가닿아 있는 느낌을 받는다.

이야기글을 쓸 때, 때로는 사건을 요약해서 설명해 주기도 하지만, 어떤 대목에서는 시간을 멈춰 놓고 인물이나 장면을 마치 그림 그리듯이 묘사하기도 한다. 배경 묘사, 인물 묘사, 심리 묘사가 그것이다. 실물을 보고 그리는 그림을 사생화라 하듯이 이렇게 그림 그리듯이 쓰는 글을 '사생문'이라고도 한다. 그림 공부에서 기초 다질 때 사생화가 중요하듯이, 글쓰기에서도 사생문 쓰기 공부를 단단히 할 필요가 있다.* 사생문 쓰기가 모든 글쓰기의 바탕이라 말할 수 있다.

다음 글 ㉮와 ㉯는 중학교 1학년 '입학식 날 학교 풍경'과 '수업 시간 교실에 들어온 선생님'을 그렸다. 어떻게 자세하게 묘사했는지 차례로 살펴보자.

㉮ 꿈에 그리던 교복을 입어 너무나 신이 나고 설레는 중학교 입학식이었다. 처음 보는 친구들과 무서운 선배들, 모든 게 설레고 무서웠다. 반 배정된 교실로 들어왔는데 2, 3학년 언니와 오빠 들이 돌아다니면서 우리 학년 일진으로 보이는 애들한테 뭐라 말하고 다녔다. 생각보다 무서운 분위기는 아니었고 어수선하기만 했다. 화장 진하게 한 언니들은 여자애들을 은근히 의식하며, 남자애들한테 "인사하구 다녀!" 이러면서 돌아다니고, 오빠들은 우리보다 덩치가 훨씬 컸는데 딱히 욕을 하진 않아도 충분히 무서웠다. 애들도 좀 쫄아 있는 걸 보니 나만 그런 건 아니구

나 싶었다. 겉으론 화기애애해 보이지만 은근한 선배부심이라 해야 하나, 깝치지 말라는 무언의 압박이 맴돌았다.

문현여고 3학년 김선아 〈첫사랑〉의 한 대목

㉯ 1교시 수학. 평소와 다름없이 머리를 닭벼슬처럼 세우고 반무테안경을 쓰고 한 손에는 크라켓 몽둥이를 들고 다른 한 손에는 수학책을 들고 있었으며 체크무늬 남방과 청바지 차림을 한 여드름투성이인 젊은 수학 선생님이 들어오셨다.

"차렷! 경례!"

"안녕하세요."

"여러분 책 몇 쪽 할 차례예요?"

집중이 되질 않는다. 요즘 들어서 통 우울한 나날의 연속이다. 내 머릿속은 마치 구겨 넣었을 때 이리저리 뒤엉키고 꼬인 이어폰마냥 잡생각으로 뒤엉켜 있다. 며칠 전, 부모님에게 크게 혼난 것 때문일까. ○○고 2학년 신용기 〈여름방학 날의 외출〉의 한 대목

다음 글도 학생이 쓴 긴 이야기글 속에 한 대목이다. 할머니 장례식장에 가서 본 풍경과 입관 장면을 그렸다. '만두'라는

아는 후배에게 편지 형식으로 전달하고 있다.

내가 생각했던 것만큼 눈물이 터져 나오는 풍경도 아니었고 애초에 장례식에 온 사람들 모두가 할머니가 아닌, 할머니의 아들딸들의 지인이어서인지 금세 시끌벅적해졌어. 소주와 맥주병이 빠르게 비워지고, 점점 더 시끄러워지고, 점점 더 바빠졌지. 사람 참 오지게도 오더라. 할머니가 죽었는지 어쨌는지 깨달을 새도 없었던 것 같아.

저녁 7시에 입관이라는 걸 했어. 난 그게 뭔지 몰랐는데 보고서야 알았어. 들 '입'에다가 사람 묻는 그 '관'이야. 관에 넣는다는 거지. 그리고 그때 그날 할머니를 처음 봤어.

영화 〈아저씨〉 알지? 니가 전에 OST 추천해 주기도 했으니. 설마 봤나? 그거 19금인데. 여튼, 거기 보면 손톱에 매니큐어 한 여자애. 장기 빼낸다고 개 시체 보관했던 곳 알려나? 그거랑 똑같이 무슨 서랍장처럼 생긴 걸 빼내는데 그 안에 할머니가 있었어.

입관실은 서늘했고 그 사물함 속의 할머니는 훨씬 차가웠어. 사람이 죽으면 눈물 콧물 배변 다 배출된다고 하잖아. 그래서 그런가 코랑 입을 실리콘 같은 걸로 막아 놨어. 피부에 조금 푸른빛이 도는 것 빼고는 너무 평안하게 누워 계셔서 말을 걸어 보고 싶을 정도로. 참 이상하게도 눈물은 자동적으로 떨어지는데 아무 생각도 나지 않았던 걸로 기억해.

만두야, 나는 할머니가 그렇게 작은지 그때서야 알았어. 그 좁은 나무관 안에도 채 차지 못하셨거든.

눈물을 삼키는 소리만 간간히 들리고 모두가 할머니의 얼굴이나 손 따위를 손으로 혹은 눈으로 담았어. 볼에 뽀뽀도 했어. 차갑고, 조금은 뻣뻣한 피부가 마치 유리창에 입을 대는 느낌을 줬어. 담당하는 사람이 이제 시작하겠다고, 친척들을 뒤로 물리고 작업을 시작했지.

얼굴까지 삼베(아마도 그럴 것 같았어)로 덮고 턱에서 끈을 묶고, 꼬까신을 신기고 몸을 천으로 둘둘 감싸 미라처럼 만들었어. 그리고 심을 뺀 두루마리 휴지를 우개서 관 안을 가득 채우게 끼워 넣었지. 그리고 관 뚜껑을 닫고 갈무리하면서 작업을 마무리했어.

정말이지 빨랐어. 하긴, 그쪽 일엔 이골이 난 사람들일 테니. 부산예술고 1학년 정다영 〈편지 왔어요〉의 한 대목

할머니나 할아버지 죽음을 글감으로 글을 쓰는 아이들 대부분이, 제 감정에 빠져서 차분하게 이야기를 끌어가지 못하기

에 이런 자세한 장면은 놓치고 만다. 그런데 이 글은 감정에 휩쓸리지 않고 장례식 장면을 생생하게 그렸고, 아이 눈에 비친 어른들 모습이나 순간순간 느꼈던 솔직한 심정을 잘 담아 썼다. 이렇게 이야기를 끌어가는 힘은 자세하게 보고 살핀 데서 나왔을 것이다.

그럼 전문 작가는 어떻게 그려 내는지 눈여겨 살펴보자. 박민규의 소설 〈갑을고시원 체류기〉에 나오는 한 대목이다.

실내 정숙

현관에 올라서니 우선 큰 글씨의 현판이 사람을 압도했다. 누구나 쓸 수 있는 붓글씨의, 누구도 걸지 않을 촌스런 액자였다. 그리고 그 현판의 아래에 쥐구멍 같은 유리창의 작은 카운터가 보였다. 주인은 50대의 아줌마였다. 아, 전화 주셨던 분? 네. 최대한 정숙한 목소리로, 나는 대답했다.

우리는 곧장 방으로 안내되었다. 터무니없이 길고, 좁고, 어두운 폭이 40센티미터가 될까 말까 한 복도였다. 때문에 기차놀이라도 하듯, 저절로 우리는 일렬(一列)이 되었다. 정숙하게, 기차는 터널 속으로 들어갔다. 그런데 터널의 한복판에서 누군가 문을 열고 튀어나왔다. 충돌이다!

외쳐도 좋을 만큼 절묘한 타이밍이었는데 그가 잽싸게 몸을 틀어 벽에 자신을 밀착시켰다. 놀라우리만치 빠르고 숙달된 동작이었다. 게다가 정숙했다. 이럴 수가! 역시 같은 동작으로 그 곁을 통과하는 기차의 선두를 따라, 우리도 몸을 돌려 그 곁을 빠져나왔다. 나는 침을 삼켰고, 어느새 두 발꿈치를 들고 있었다. 방은 복도의 맨 끝에 있었다.

빈방이 하나뿐이에요. 방의 키를 따며 주인이 속삭였다. 내일도 누가 와서 본다고 하는데, 먼저 예약하신 분이 있다고 말해 버렸지 뭐야. 참, 그러고 보면 방 임자는 따로 있는 거라니까. 그리고, 갑자기 말이 많아진 주인이 문을 여는 순간—우리는 정말이지 기겁을 했다. 그것은 방(房)이라고 하기보다는, 관(棺)이라고 불러야 할 사이즈의 공간이었기 때문이다. 망연자실, 나는 두 발꿈치를 바닥에 내려놓았다.

요약하자면, 도저히 다리를 뻗을 수 없는 공간에 책상과 의자가 놓여 있다. 그곳에서 공부를 한다. 그러다 졸음이 온다. 자야겠다. 그러면 의자를 빼서 책상 위에 올려놓는다. 앗, 책상 아래에 이토록 드넓은 공간이(방의 면적을 고려할 때 참으로 드넓은 공간이라 말할 수 있다)! 그 속으로 다리를 뻗고 눕는다. 잔다—였다. 박민규 〈갑을고시원 체류기〉의 한 대목

책 속 주인공 '나'는 삼촌의 사업 부도로 집안이 파산하고 식구들이 뿔뿔이 흩어진다. '월 9만 원에 식사 제공'이라는 생활정보지 광고를 보고 친구와 같이 찾아간 곳이 갑을고시원이다. 그 고시원 풍경을 이렇게 묘사한 것이다. 고시원 생활을 해 보지 않은 사람이라도 1.5평짜리 고시원 쪽방이 어떤 곳인지 머릿속으로 그려 볼 수 있고, 또 그곳에서 사는 방식을 읽어 낼 수 있다.

내가 재미나게 읽었던 소설이라 짬 내서 이 소설을 학생들에게 읽어 주기도 했고, 성장소설 쓰기에 앞서 전문 작가들은 장면 묘사를 어떻게 하는지 소개도 해 봤다. 그렇지만 글쓰기에 앞서 전문 작가들 글을 보기글로 소개하는 것은 꺼리는 편이다. 왜냐하면, 대개 전문 작가들의 소설은 첫 장면부터 긴 배경 묘사로 시작한다. 우리 아이들이 그걸 흉내 내자면 글 쓰는 일이 어려워진다. 전문 작가들의 세련된 글보다, 아이들은 자기 친구들이 쓴 보기글을 더 좋아하고, 그 글이 좋은 선생이 되어 준다.

소설 쓰기에 앞서 잠시 짬을 내어서 사생문 쓰기를 해 보는 것도 큰 도움이 되는 것 같다. 사생문은 그 자체로는 완성된 글이 되지 못하지만 글 쓰는 힘을 키우는 데는 이만한 것이 없지 싶다. 교실 풍경, 수업 시간 풍경, 선생님이나 친구 모습, 길

가다가 본 사람, 짧은 시간 동안 펼쳐진 일을 가지고 사생문 쓰기를 해 보는 것은 시나 서사문 쓰기의 바탕이 된다. 모두 같은 글감으로 써서, 한 대상을 두고 서로 어떻게 달리 그렸는지 나누어 보는 것도 좋고, 자유로운 글감으로 써도 괜찮다. 다음은 자유로운 글감으로 써 본 사생문이다.

얼마 전, 방 정리를 하다가 발견한 사진 액자에는 지금의 나만큼이나 앳돼 보이는 엄마가 있었다. 곱슬곱슬하게 볶은 파마머리에 노란색 머리띠를 두르고 노란 블라우스와 색이 바랜 청치마를 입은 엄마는, 지금과 다르게 볼살이 통통하게 올라 귀여운 외모를 자랑했다. 소풍을 갔던 건지, 데이트를 갔던 건지, 뒷배경은 강과 나무가 보였고, 길고 널따란 돌 위에 엄마는 다소곳이 앉아 있었다. 돌 흙길을 걸었던 것일까? 검은 단화에는 흙먼지가 달라붙어 있었다. 한참 동안 사진을 바라보았다. 그러다 문득 지금의 엄마 얼굴이 잘 그려지지 않았다. 액자를 들고 거실에서 텔레비전을 보는 엄마의 얼굴을 옆에서 빤히 바라보았다. 액자 속의 앳된 얼굴은 어디 가고 주름이 는 엄마 얼굴이 있었다. 내 기억 속의 엄마 얼굴과도 사뭇 달랐다. 엄마의 얼굴을 이렇게 자세히 들여다본 게 언제였을까? 내가 변하듯, 언니가 변하듯 엄마도 변하는데 난 그 사실을 잊었던 걸까? 기분이 묘했다. 오늘 나는 오늘의 엄마를 눈에 담았다. 다대고 2학년 최은혜 〈엄마 얼굴〉, 2021년 5월 3일

커풀 없는 작고 째진 눈, 눈 크기만큼 내려앉은 애굣살이 사랑스럽다. 작고 동그란 얼굴에, 입술은 얇고, 검은색 머리는 차분했다. 눈썹에 감정이 드러나지 않아 늘 뚱한 표정의 그는, 생각을 표정이나 말로 드러내지 않고 차분했다. 화려한 것을 좋아하지 않아 심플한 옷차림에 컨버스는 종류별, 색깔별로 사 모으는 취미가 있다. 고등학생이라고 해도 의심하지 못할 옷차림, 흰 무지 긴팔 셔츠나 맨투맨을 입고 청바지나 검정 트레이닝 바지를 즐겨 입었다. 아무도 그의 패션 센스를 흉보지 못할 것이다. 서울예대 실용음악과 필기가 0점인데도 실기, 즉 실력으로 밀어붙여 당당히 합격했다. 전공 실기 A+, 그러나 필기 8강의는 F를 받아 제적당했다. 그와 음악은 떼어 낼 수 없는 사이다. 그는 노래를 잘 불렀고, 기타는 기본, 피아노도 곧잘 했다. 언제는 첼로를 연주하기도 했다. 나는 그의 목소리를 좋아한다. 사람들은 그의 음색을 맑은 소년에 비유했다. 결코 평범하지 않은 목소리지만 듣기 편한 목소리를 가졌다. 탁

함이라곤 찾을 수 없는 목소리에 감정을 꽉꽉 눌러 담아 듣기만 해도 눈물이 고인다. 나는 그의 음악을 사랑한다.

다대고 2학년 김현민 〈phenomenon〉, 2021년 5월 3일

아침이 되면 좁지만 쓸데없이 큰 창문 덕분에 눈가에 비치는 햇살이 내 알람이 되어 주어 잠에서 깬다. 패션 센스라고는 하나도 몰랐던 그때의 나는 덥수룩한 바가지 머리를, 할머니들이 쓸 거만 같은 고약한 냄새가 나는 샴푸로 씻어 내고, 눈에 보이는 티셔츠와 바지를 걸친 뒤, 어젯밤에 챙겼는지 기억이 나지 않는 책가방을 메고 집 밖을 나선다. 흙먼지가 가득하고 곳곳에 거미줄이 걸린 계단을 내려가, 곧 무너질 듯한 빌라들 사이를 가로질러 간다. 몇 발자국만 더 가면 뜬금없이 절이 하나 나오는데, 그 절에선 더 뜬금없이 하얀 진돗개가 살고 있다. 개한테 인사를 하고 조그마한 언덕을 오르면 어린이들이 다니는 작은 교회가 있는데, 하교할 때는 가끔씩 아이들이 줄넘기를 하는 모습을 볼 수 있다. 올랐던 언덕을 내려가면 53개의 계단이 있다. 그곳을 살금살금 내려가면 내 초등학교 후문이 나온다. 학교 안으로 들어가 계단을 올라서, 6-6이라고 적혀 있는 반에 끼익거리는 나무 문을 열고 들어가면 창

밖을 가득 채우고 있는 벚꽃이 보인다. 6학년이 되고 어느 봄날 마주한 교실 모습인데, 그때 내 눈에 담은 풍경이 아직도 생생하다. 다대고 2학년 오태호 〈초등학교 시절〉, 2021년 5월 20일

은혜는 사진 속의 엄마를 보고 그렸고, 현민이는 자기가 좋아하는 가수를 그렸고, 태호는 초등학교 시절 등굣길 풍경을 그렸다. 현민이가 쓴 〈phenomenon〉은 처음에 제목을 이해하지 못했다. 현민이에게 물어보니 자기가 좋아하는 가수 하현상을 두고 쓴 글이라고 했다. 가수 이름이 현상이라 제목을 '현상'이란 뜻을 지닌 'phenomenon'이라 붙인 것이다.

따로 별다른 설명 없이 보기글 몇 편만 읽어 주어도 아이들은 사생문을 곧잘 쓴다. 긴 글을 쓰지 않아도 되고, 완성된 글을 쓰지 않아도 되니 마음 편하게 쓰는 듯하다.

보기글

글쓴이가 장면을 어떻게 자세하게 그려 내는지 눈여겨보면서 읽어 보자. 읽고 나서 인상 깊게 읽은 대목이나 마음에 드는 멋진 표현을 소개하면서, 자기 생각과 느낌을 자유롭게 친구들과 나눠 보자.

편지 왔어요

부산예술고 1학년 정다영

TO 만두

안녕, 만두야? 오랜만이야. 네 답장을 받았던 게 벌써 한 달 전이네. 보내야지, 보내야지 생각만 하고 미루다 보니 벌써 겨울방학이야. 너랑 내가 트위터로 알게 되고 펜팔을 시작한 지도 벌써 반년이 넘어가는 걸 보니 참 시간이 빠르구나 싶다.

네 편지에 빨리 답장을 하지 못한 건 뭐라고 말해 줘야 할지 몰라서였어. 만두야. 저번 편지에서 네가 그랬잖아. 가까운 친척이 돌아가셨는데도 아무렇지 않게 나한테 편지를 쓰고, 일상생활을 하는 너 자신이 신기하다고. 전체 편지 중에 고작 한 문단 정도만을 차지하는 글이었지만 난 그걸 읽고 생각을 많이 했었어. 전에 내가 했던 생각이랑 비슷했거든.

만두야. 그날은 언제나와 같은 아침이었어. 간만에 동생이랑 같이 잤지. 한창 고입 실기 준비를 할 때라 피곤해서 아침잠 5분이 아쉬웠던 때였어. 엄마가 흔들어서 깨웠던 것 같은데 잘 기억나지는 않아.

시계를 보니 8시가 넘어가고 있었던 것 같아. 아, 완벽하게 지각이다 하는 생각을 했던 기억이 나. 그런 게 그런 것치고는 엄마는 아주 차분했어. 지금 생각하면 그때부터 그날은 정말 비정상적이고 비상식적인 날이 돼 버린 것 같아.

엄마는 조용히 말했어. 아니, 아주 조용하고 차분했던 느낌만 기억이 나지만 어쨌든 말했어.

할머니가 돌아가셨다고.

만두야. 할머니는 우리 할머니였어. 형제 중 막내 고모를 제외하곤 금전 상황이 가장 좋았던 아빠여서 할머니는 나보다도 오래 우리 집에 사셨어. 바로 재작년까지는. 그러니까, 돌아가시기 1년 전까지는.

왜 1년은 같이 살지 않았느냐고, 노파심에 말하자면 할머니는 아프셨어. 치매라고 했어. 그리 심하게 진행된 상태는 아니었지만 맞벌이인 우리 집에서는 어쩔 수 없는 선택이었을 거라고 변명을 해 봐. 물론 내가 집안일에 대해 결정권을 가진 것도 아니지만 어느 날인가 할머니가 집에서 사라졌을 때 그에 대해 무언가 의문을 가지거나, 부모님께 무엇이라 말하지 않았던 건 사실이니까.

여튼, 처음에 엄마 말을 들었을 때 내가 무슨 생각을 했을까?

참 이상하지, 내가 느꼈던 거나 생각했던 것들은 뿌연 안개에 가린 듯 잘 기억나지 않지만 자꾸 더듬어 가다 보면 내가 했던 행동이나 일들은 너무나도 생생하니.

엄마는 그러고 나가셨어. 나한테 11시쯤 되면 여동생을 깨워 데리고 오라고, 잘 알고 있던 병원 이름을 대고는 아직도 꾸벅꾸벅 졸고 있는 막내 남동생을 안고 가셨어.

옷장을 열었어. 진짜야. 곧바로 옷장을 열었어. 추모? 할머니와의 추억을 되새김질하는 거? 애도? 현실 이해? 그런 거 없고 진짜 내가 한 행동은 곧바로 옷을 꺼내 입는 거였어. 그땐 마냥 신기했던 것 같아. 웃기지만 16살의 나는 생전 처음 겪는 '죽음'에 설렜던 걸지도 몰라. 여름의 초입에서, 하얀 티를 입고 버스 정류장으로 가는 발걸음은 그리 무겁지는 않았어.

뒤늦게 깨서 소식을 들은 여동생도, 소식을 듣고 우리 집으로 오신 숙모(그 당시엔 막내 삼촌과 약혼한 상태였어)도 너무나도 태연하고, 다를 게 없어서 그때까지만 해도 나는 할머니의 죽음이라는 걸 문자로만 알고 있었던 것 같아.

국화를 두 묶음 샀지. 학원에서 정물 수채화 할 때 쓰는 큰

국화가 아니라 작은 국화 다발이었어. 동생도 나와 같이 별 느낌 없는 얼굴이었어. 생각해 보면 그때는, 고작 한두 해 전이었을 뿐이지만 나나 개나 정말 어렸던 것 같아. 국화 모양을 가지고 이게 더 이쁘다, 저걸로 하자, 이러면서 샀거든.

생전 처음 가 보는 장례식장은 싸늘했어. 낮 시간이라서인지 끝을 모르고 늘어선 국화 화환이, 제일 큰 빈소인 6번, 그러니까 내가 가야 할 곳을 가르쳐 주고 있었고, 내가 간 그 순간까지도 계속해서 배달이 되어 오고 있었을 뿐 그곳은 한산했어.

멀뚱히 신발을 벗고 오른쪽을 보니 꽃무더기에 파묻혀 환하게 웃는 할머니의 얼굴이 보여. 꽃을 놓고, 기독교니까 절은 하지 않아. 고개를 숙이고 무감각하게 생각으로 된 글씨를 나열하지.

'할머니, 거기 있어요? 하나님, 할머니 잘 계시죠? 우리 할머니 잘 부탁드려요.'

정말로 천국에 가셨나. 천국이 있기는 한가. 죽었다는 게 뭔가. 짧은 기도에 온갖 잡생각이 떠올랐어.

만두야. 기억을 끄집어내서 그 당시 나의 병신 같음을 마주 보는 건 쉬운 일이 아닌 것 같아.

안쪽 방 벽에 기대서 눈물을 쏟아 내고 있는, 서울에서 첫차를 타고 달려왔을 것이 분명한 막내 고모가 왔냐면서 고개를 드셨을 때 정말 진심으로 웃겼거든. 물론 그 앞에 대고 웃을 만큼 막돼먹은 애는 아니었지만, 진심으로 웃긴다는 생각을 먼저 했다는 거 자체가 너무 불손하다, 그치?

하지만 너도 그 상황이었다면 웃긴다는 생각을 했을 거야. 분명해. 왜냐하면, 막내 고모의 쌍수 한 듯 이뻤던 자연 쌍커풀이 팅팅 불어서 사라져 있었거든. 내가 정말 부러워했던 거였는데.

빨간 얼굴에, 고모가 입고 있는 까만 상복. 방 안에는 고모뿐이었어. 밖에서는 막내 동생과 고모네 사촌 동생이 식탁 사이를 뛰어다니는 소리가 들렸지. 곧 들어온 엄마가 나한테도 옷을 건넸어. 그리고 나와 여동생을 데리고 나와 찬찬히 상황을 말해 주셨지.

만두야. 할머니는 아프셨어. 바로 그 한 달 전에는 기관지 수술을 한다고 목에 구멍을 뚫어서 말도 하지 못하셨고, 여러 가지 병이 겹쳐 발병된 치매는 누구보다도 며칠 간격으로 시간을 내서 할머니를 찾아갔던 아빠를 정말 힘들게 했어. 난 절대 할머니가 죽었으면 좋겠다는 생각은 해 본 적 없지만, 그렇게 누워서 날 보고 '누꼬?' 묻는 할머니를 보는 게 썩 기분 좋지는 않았던 건 사실이야. 참 웃기게도, 아빠도 나도 못 알아보시고 '누꼬?'를 힘없이 입 모양으로만 말하시던 할머니가 우리 가족 중 유일하게 알아본 사람은 그 당시 고작 다섯 살이었던 막내동생이었어. 웃기지. 그게 서러워서 병실을 나와 로비에서 울었던 적도 있어.

그렇게 나날이 상태가 나빠져 가고, 아빠의 표정이 더더욱 안 좋아지던 중 할머니의 상태가 좋아지고 있다는 긍정적인 소식이 들려왔어. 그게 할머니가 돌아가시기 일주일 전이야.

사람이 죽기 직전에 상태가 호전된다는 말은 그냥 있는 말이 아니었나 봐. 모두가 한시름 덜었다는 듯 안심하고 있었기 때문에 아무도, 심지어 병원 사람들조차도 할머니의 임종을 지켜본 사람은 없었어. 새벽 여섯 시 정도였다나 봐. 나아지고 있었다지만 그렇게 갑작스러운 일은 아니었지. 애초에 해를 넘기기 힘들다는 말을 들어 왔었던 차니까 일은 신속하게 이뤄졌어.

안동 큰아빠네는 한 시간쯤 후면 온다고 했고 다른 친척들은 가까이 사는 터라 이미 다 왔는데 잠시 나간 거라고 했지. 여기서 웃긴 게, 이렇게, 특히 안동 큰아빠까지 다 모이는 건 1년에 한 번 할머니 생신 때였는데 그날은 할머니 생신 이 주일 전이었어. 이제부터는 생신이 아니라 기일에 모이겠지, 하는 생각을 했었던 것 같아.

할머니가 돌아가시지 않았다면 친척들은 이 주 후 그날에 모두 왔을까? 왔어도 그 좁아터진 병실 침대에 누워 일어서지도, 말하지도, 당신의 자녀들을 알아보지도 못하는, 할 수 있는 일이라곤 고작 떠 먹는 요플레를 받아먹을 수 있을 뿐인 할머니 옆에 얼마나 있다 갔을까?

모르겠어, 만두야. 지금 생각하니 바로 그 전 생신 때는 괜찮으셨거든. 1년 새 너무 바뀌어 버린 할머니니까. 그러니까 그 생일은 안 오는 편이 나았을지도 모르지.

그 와중에 고3인 안동 큰아빠네 막내 오빠는 오지 않았어. 할머니 생신 때도 제일 자주 빠진 구성원을 꼽으라면 이 오빠일 것 같네. 같이 살았던 우리 가족에 비해 다른 사촌들은 할머니를 대하는 것이 많이 어색했을 테니까. 안 온 게 더 나았을지도 모르겠다. 막내 고모네 첫째와 둘째는 아직 너무 어려서 해맑게 음식 만드는 아주머니 주변에서 간식을 받아먹고 있었고, 학교에 갔다 바로 온 건지 교복을 입고 도착한 작은아빠네 언니랑 둘째는 별말 없이 한 명씩 오기 시작하는 손님들에게 음식만 차렸지. 평소 하는 말마다 이해 불가고 무슨 생각을 하는지 이해할 수 없었던 그쪽 남매가 너무나도 어른스러워 보였어. 그땐.

내가 생각했던 것만큼 눈물이 터져 나오는 풍경도 아니었고 애초에 장례식에 온 사람들 모두가 할머니가 아닌, 할머니의 아들딸들의 지인이어서인지 금세 시끌벅적해졌어. 소주와 맥주병이 빠르게 비워지고, 점점 더 시끄러워지고, 점점 더 바빠졌지. 사람 참 오지게도 오더라. 할머니가 죽었는지 어쨌는지 깨달을 새도 없었던 것 같아.

저녁 7시에 입관이라는 걸 했어. 난 그게 뭔지 몰랐는데 보고서야 알았어. 들 '입'에다가 사람 묻는 그 '관'이야. 관에 넣는다는 거지. 그리고 그때 그날 할머니를 처음 봤어.

영화 〈아저씨〉 알지? 니가 전에 OST 추천해 주기도 했으니. 설마 봤나? 그거 19금인데. 여튼, 거기 보면 손톱에 매니큐어 한 여자애. 장기 빼낸다고 개 시체 보관했던 곳 알려나? 그거랑 똑같이 무슨 서랍장처럼 생긴 걸 빼내는데 그 안에 할머니가 있었어.

입관실은 서늘했고 그 속의 사물함 속의 할머니는 훨씬 차가웠어. 사람이 죽으면 눈물 콧물 배변 다 배출된다고 하잖아. 그래서 그런가 코랑 입을 실리콘 같은 걸로 막아 놨어. 피부에 조금 푸른빛이 도는 것 빼고는 너무 평안하게 누워 계셔서 말을 걸어 보고 싶을 정도로. 참 이상하게도 눈물은 자동적으로 떨어지는데 아무 생각도 나지 않았던 걸로 기억해.

만두야, 나는 할머니가 그렇게 작은지 그때서야 알았어. 그 좁은 나무관 안에도 채 차지 못하셨거든.

눈물을 삼키는 소리만 간간히 들리고 모두가 할머니의 얼굴이나 손 따위를 손으로 혹은 눈으로 담았어. 볼에 뽀뽀도 했어. 차갑고, 조금은 뻣뻣한 피부가 마치 유리창에 입을 대는 느낌을 줬어. 담당하는 사람이 이제 시작하겠다고, 친척들을 뒤로 물리고 작업을 시작했지.

얼굴까지 삼베(아마도 그럴 것 같았어)로 덮고 턱에서 끈을 묶고, 꼬까신을 신기고 몸을 천으로 둘둘 감싸 미라처럼 만들었어. 그리고 심을 뺀 두루마리 휴지를 우개서 관 안을 가득 채우게 끼워 넣었지. 그리고 관 뚜껑을 닫고 갈무리하면서 작업을 마무리했어.

정말이지 빨랐어. 하긴, 그쪽 일엔 이골이 난 사람들일 테니.

그리고 마지막 인사를 하라고, 빈소에서는 기독교인이라 절하는 게 안 됐지만 여기서 하시라고 말하고 나갔지.

만두야.

아까부터 계속 울던 고모는 거의 기절할 뻔해서 작은엄마가 데리고 나가셨어. 나랑 여동생은 정말 껵껵거리면서 울었고. 기독교가 아닌 큰아빠 둘과 작은아빠는 그제서야 담담하던 표정을 풀어 내고 바닥에 절을 하면서 울부짖기 시작했어. 정

말이야. 듣는 것만으로도 너무 슬펐어. 아빠가 우는 건 그날 두
번째로 봤어. 어른이라 이건가. 지금까지 조금씩 웃기도 하면
서 손님을 받던 어른들이 애처럼 엄마, 어머니를 부르면서 울
었어. 더 있으면 안 될 것 같아 그곳을 나왔지. 쓰러져 울고 있
는 고모 옆으로 사촌들이 쪼로미 벽에 기대 서 있었어. 굳게 닫
힌 문 안에서는 아직도 울음소리가 새어 나왔고.

"그래도 좀 더 예의를 갖춰 줄 순 없나."

옆에 선, 그나마 사촌 중에 나이가 나랑 제일 비슷한 작은
아빠네 첫째 언니가 조용히 말했어. 나만 들었지.

"왜?"

언닌 울지 않았어. 아까도 썼다시피 원래가 좀 시크하고
무슨 생각을 하는지 모를 언니였는데 그때도 뚱한 표정이었고
아무튼 평소 그대로였어.

"저 사람들. 끝나자마자 손 씻으러 가잖아. 그냥 기분이
좀."

그리고 언니는 먼저 빈소로 들어가 버려. 그러고 보니 그
렇구나. 저 사람들한테는 우리 할머니도 맨날 여기 오는 여느
죽은 사람하고 다를 게 없구나. 그냥 만지면 기분이 나쁜 시체
일 뿐이고 이미 망자에 대한 감정은 귀찮음과 짜증 이외엔 딱
히 없구나.

나한텐 너무 소중한 할머니였는데. 초등학생 때, 유치원 때 집에 오면 날 맞아 주는 건 할머니였고 곧잘 나한테 붕어싸만코 심부름을 시켰었고 가끔은 같이 공원 산책도 나가고. 내 짜증 다 받아 주신 것도 할머니였는데. 그랬는데.

만두야. 사실은 훨씬 많이 쓰고 싶었어. 그 사흘이 어땠는지, 평생 안 보이던, 내가 알기로는 할아버지와 결혼한 후 사이가 많이 나빴다던 할머니네 형제들이 와서 장례식장을 지킨 일이라든지, 첫날 그렇게 할머니의 모습을 마지막으로 본 후에 정말로 멘붕 해서 안쪽 방에 꼭 붙어 있던 고모의 모습, 익숙하다는 듯 돕겠답시고 신나서 음식을 나르는 (어른들끼리만 친한) 16년지기 남자애가 얼마나 미워 보였는지, 관을 버스 트렁크에 넣어 이동하는데 과속 방지턱에 걸려 버스가 흔들릴 때마다 얼마나 걱정이 됐는지, 화장터 풍경이 어떤지, 트레일러 같은 곳에 관을 싣고 마지막으로 했던 이별 기도, 화장터 로비 모니터로 할머니가 들어간 3호기 문이 닫히는 걸 보는 기분이 어땠는지, 정말 끝나지 않을 것만 같던 화장 시간 내내 울고 있다 보니 뼈만 엉망으로 어질러진 문이 열렸던 것도, 그 뼈를 쓰레기 치우듯 쓰레받기 같은 것에 담아 급식 밥통 같은 철통에 담고, 그걸 사정없이 분쇄기에 가는 것도, 그 소리가 얼마나 소

름 끼쳤는지, 그 한 줌 남은 하얀 뼛가루를 함에 넣고 봉하는 작
업이 얼마나 신속하게 이루어졌는지, 가루가 되어 담겼는데도
너무나 뜨거운 함을 어떻게 싸맸고 그걸 든 큰아빠의 표정이
어땠는지, 그대로 버스를 타고, 차를 타고 추모공원으로 향하
는 내내 무슨 생각을 했는지도.

할머니를 떠나보낸 지 만 3일이 되어서, 장례식의 마지
막인 봉안을 끝내고 나와 영정사진을 차려진 상 앞에 두고 정
말 마지막 인사를 할 때라고 누군가가 말했어. 다시 모두가 울
었어.

만두야.

나는 이미 12시간도 전에 텅 비어 버린 껍질 혹은 껍데
기를 봤을 때 울었고, 그마저도 하얀 가루가 되어 버린 3일째
에 울었고, 지금 이 글을 쓰는 중에도 울고 있어. 무슨 말인지
아니?

나는 할머니가 돌아가셨다는 소식을 들었을 때 울지는 않
았어.

할머니가 돌아가신 지도 2년째야. 2011년 6월에 돌아가
셨으니까. 할머니가 바라고 바라던, 마지막 남은 노총각 막내
삼촌의 결혼은 그해 9월에 이뤄졌어. 애도 낳았어.

지금도 추석이나 설날, 그 아니라도 종종 할머니를 만나러 가. 아니, 흰 벽을 보러 가. 고작 해 봐야 내 머리통만 한 사각형 안에 들어가 있을 할머니는, 앞에 붙은 작은 사진이 아니라면 이미 얼굴은 물론이고 목소리나 하시던 행동까지도 희미했을지도 모른다 생각하니, 그 앞에서 아빠가 그러는 것처럼 쓴웃음이라도, 작게라도 웃을 수가 없었어.

소설이나 영화처럼, 시시때때로 할머니를 기억하며 울거나 울상을 짓지는 않지만 가끔은 생각이 나.

얼마 전에 친구 아빠가 돌아가셨어. 생애 두 번째로 장례식장을 갔지. 엄청난 우연이지? 할머니 장례식을 했던 바로 그곳, 같은 빈소였어. 걔는 혼이 나가 버린 얼굴이었는데, 그렇다고 폭풍눈물을 흘리지도 않았어. 몇 달이 지난 지금은 웃기도 잘 웃고 잘 지내. 아빠가 돌아가셨는데도 말이야.

만두야. 산 사람은 살아야 된다는 게 정답이 맞나 봐. 난 장례식이 끝난 다음 날에 바로 학교를 갔고, 학원도 갔어.

난 아직도 할머니가 죽었다는 걸 이해하지 못한 것 같아. 다를 게 뭘까. 14년을 같은 집에서, 같이 살았는데 고작 몇 년 사라졌다고 벌써 평소 내 생각엔 할머니는 있지도 않아. 가끔은 너무 죄송스럽기도 하고 그래.

만두야. 가끔은 붕어싸만코보다 옥동자가 맛있다며 이거 바꿔 와라, 말하던 할머니가 너무 보고 싶어.

역시 감정이 격해져서 쫙 써 내려간 것 같아. 항상 편지가 이따위라 너무 미안하네. 여튼, 내가 하고 싶은 말은 그런 걸로 니가 이상하다거나 막돼먹은 애라는 생각을 하는 건 오버라는 소리야. 나를 기준으로 잡을 수 있을지는 모르겠지만 누군가 내 곁을 떠났다고 해서, 그 빈 자리에 매달려 사는 사람보다는 하던 일을 하며 사는 사람이 더 많을 거고, 그게 일반적인 거라고 생각해. 나는.

고작 이거 하나 적으려고 저걸 써 재꼈다니 나도 참 대단하다. 다시 읽을 용기는 나지 않네. 나중에 봉투에 넣을 때쯤이면 이 부분은 그냥 빼서 찢어 버릴지도 모르겠어. 아니 그럴 것 같아. 이건 너한테 보낼 편지는 아닌 것 같아.

여튼, 편지 시작부터 말이 많이 새 나갔네. 미안해.

그럼 이제 우울한 얘기는 그만하고 다른 얘기 하자! 그 있잖아 오늘 학교를 갔는데…… 2013년 1월 5일

» 전에 친구 아버지 장례식에 갔었던 기억이 났다. 퉁퉁 부은 눈으로 사흘 밤낮을 울어서 눈물이 안 나온다며 웃는

그 친구의 등이 그날따라 커 보였었다. 꿋꿋하게 조문객들을 맞는 모습 뒤로 이 소설의 주인공 같은 면모가 있을 것이라는 생각에 마음이 찡해진다.

» 근데 왜 이름이 만두일까?

» 음. 읽는데 정말 머릿속에 장례식 풍경이 생생히 묘사된다. 생각 외로 너무 잘 써서 놀랍다.

» 나도 중학교 3학년 때 우리 교회 목사님이 돌아가신 적이 있었다. 너무 젊으신 분이었고, 아이들도 너무 어리고, 또 갑자기 돌아가시는 바람에 큰 충격을 받았었거든. 그때 기억이 난다. 진짜 펑펑 울었어. 학교 갔다 돌아와서도, 장례식장에서도. 그때 이후로 죽음이 더 무섭더라. 우리 할머니가 돌아가시면 어쩌지 이런 생각에 더 무섭고. '죽은 사람은 죽은 사람이고 산 사람은 산 사람이라고. 어느 순간 그분을 잊고 지내고 있더라.' 이 말이 인상적이었다.

» 너무 생생하게 느껴졌다. 편지 형식인 것도 새롭고.

» 사실 내 주위에는 돌아가신 분도 별로 없을뿐더러 직접 장례식장을 가 본 적도 없다 보니 누군가를 잃은 기분이 무슨 기분인지 아직은 실감이 나질 않네. 그런 와중에도 숙연해진다.

» 글 쓴 분이 부러운 능력을 가지고 있는 거 같다. 타고난 자

질이 아니라 많은 연습을 통해 형성된 건지도 모르겠는데 이야기를 자연스럽게 끌고 가는 능력이 있어 보인다.

» 편지로 글을 쓰다 보니까 뭔가 더 대화하는 것 같고 친근 감도 들고 그래서 좋았다. 누군가 죽는다는 거 나도 10년 넘게 같이 살았던 할아버지가 돌아가셨을 때 진짜 하늘이 노래지고 어안이 벙벙하고 실감도 안 났는데, 그때 느낌이 랑 약간 비슷했던 것 같아요.

» 처음 경험한 할머니의 죽음을 자세히 묘사한 게 인상적 이다.

7

글감 찾기

교실에서 아이들과 글쓰기 할 때, '어떻게 쓸 것인가?' 하는 고민보다, '무엇을 쓸 것인가?' 하는 고민을 먼저 해야 한다. 긴 이야기를 쓰는 아이들 글을 눈여겨보면, 이야기를 끝까지 끌어가는 힘이 어디서 나오는지 짐작할 수 있다. 쓰고 싶은 마음이 얼마나 절실한가에 달렸다. 쓰고 싶은 이야기일 때 아이들은 거침없이 글을 써 내려간다.

자기가 겪은 일 가운데서 글감을 찾아내는 일은 아이들 몫이다. 어떤 아이들은 보기글을 읽어 줄 때 벌써 쓸거리가 떠올라 빨리 쓰고 싶다고 조르기도 하지만, 대다수 아이들은 글감 찾는 것을 어려워한다. 이때 교사의 도움이 필요하다. 보기글을 읽어 줄 때 글감을 생각해서 다양하게 읽어 주면 좋다. 이야기 글을 쓸 때, 내가 아이들에게 즐겨 소개하는 글감은 '따뜻한 기억' '상처' '억울했던 일' '반항' '식구 이야기' 이 다섯 가지다.

따뜻한 기억

나는 백석의 시 〈여우난곬족〉을 참 좋아한다. 백석 시인이 어린 시절 설날에 어머니 아버지를 따라서 큰집에 갔던 이야기를 그렸다.

큰집에 가면, 하루에 베를 한 필 짠다는 신리 고모와 고무의 딸 이녀와 작은 이녀도 오고, 열여섯에 사십이 넘은 홀아비 후처가 된 토산 고모와 고무의 딸 승녀와 아들 승동이도 오고, 이야기 끝에 쉽게 눈물을 짤 때가 많은 큰골 고모와 고무의 딸 홍녀와 아들 홍동이와 작은 홍동이도 온다. 또 큰집에는 배나무 접을 잘 붙이는 삼촌과 사촌 누이와 동생들도 있다. 저녁 숟가락을 놓은 아이들은 바깥마당에 딸린 배나무 동산에서 쥐잡이를 하고, 숨바꼭질을 하고, 꼬리잡이를 하고, 가마 타고 시집가는 놀음, 말 타고 장가가는 놀음을 하면서 밤이 어둡도록 북적하니 논다. 놀다가 집에 들어와서는 또 아이들은 아이들끼리 웃방 한 방을 잡고 조아질하고, 쌈방이 굴리고, 바리깨돌림 하고, 호박떼기 하고, 제비손이구손이 하면서 새벽까지 놀았다. 새벽닭이 몇 번이나 울어서 졸음이 오면 아랫목 싸움을 하며 히드득거리다 잠이 들었다. 그래서는 문창에 처마 그림자가 어리는 아침, 시누이 동서들이 북적하니 흥성거리는 부엌 장지문 틈으로 무이징게국을 끓이는 맛있는 냄새가 올라오도록 잤다고 그려 놓았다.

읽어도 읽어도 좋다. 바로 이런 좋은 기억, 어린 시절 따뜻했던 그림 하나가 사람답게 살아가는 거름이 되는 것 같다. 어린 시절 따뜻한 기억을 간직했기에 백석도 아름다운 시를 쓰며 살 수 있지 않았을까? 우리 아이들도 저마다 영혼이 따뜻했던 이야기 한 토막을 쓰고, 마음속에 간직하고 살면 좋겠다.

아이들 글을 받아 보면, '따뜻한 기억'을 글감으로 쓴 글은 보기 드물다. 그만큼 요즘 아이들 어린 시절이 메마른가 싶기도 하다. 다음 글도 따뜻한 이야기라기보다 철없이 개구쟁이 짓을 하며 놀았던 이야기다. 그래도 읽으면 웃음이 묻어나고 따뜻한 느낌이 이는 이야기다.

피시방과 기찻길
부산고 2학년 황재원

중학교 2학년 때 일이다. 우리는 일요일만 되면 동네 친구들끼리 모여 피시방 가는 게 일처럼 되어 있었다.

우리 동네에는 기찻길이 하나 있는데 우리는 피시방 가는 길에 그곳을 지난다. 시원하게 뚫린 기찻길을 보면 서로 얼굴을 보고는 웃으며 이런 말을 하곤 했다.

"저쪽으로 존나 뛰면 게임방까지 한 몇 분 걸리겠노?"

우리는 항상 거기를 지날 때마다 기찻길로 뛰어가면 피시방까지 몇 분이 걸릴지 머릿속으로 계산을 하면서 지났다. 그렇게 머리로만 생각하고 지나다가 어느 날 우리는 몸소 실천해 보기로 했다. 우리는 기찻길에 줄을 맞추고 섰다.

"마, 준비됐나?"

"아, 아무래도 불안타."

"머가, 괜찮다. 이런 거 가지고 쪼나?"

"준비됐으면 가자."

"아 씨, 이 시간에 기차 지나가던데……."

우리는 한 친구의 말을 무시하고는 죽으라고 뛰었다. 한 20초 뛰었을까. 기역 자로 된 커브길이 나왔다. 그런데 맨 앞에서 뛰던 친구가 갑자기 멈추더니 "마, 이상한 소리 안 들리나?" 하고 소리쳤다. 우리는 뛰는 데만 신경을 쓰고 있는지라 소리를 제대로 듣지 못했고, 한 2초 동안 서로 얼굴을 보고 섰다가 다시 앞을 보고 뛰었다.

그런데 갑자기 '빠앙' 소리를 내면서 우리 눈앞에 산만 한 기차 하나가 달려드는 것이었다. 우리는 찢어질 듯한 괴성을 지르고는 뒤돌아 진짜 죽으라고 뛰었다. 뛰는 동안 어찌나 많은 생각이 나던지. 엄마 생각, 아빠 생각, 기차에 박으면 어떻게 될지 별에 별 생각이 다 났다. 기차와 달리기를 한 5초쯤 했을 때 한 친구가 넘어졌고, 으아! 하는 비명소리가 들렸다. 나는 '아이고 ○됐다. 이제 한 놈 죽었구나' 하고 속으로 생각했다. 어디든 옆으로 피해야겠다 생각하고 옆을 쳐다보니, 밭이 있어 우리는 거기로 몸을 날렸다. 간발의 차이로 기차는 우리 옆을 지나갔고, 우리는 혹시나 하는 생각에 고개를 숙이고 나무 뒤로 숨었다. 기차가 지나가고 정신을 차린 순간 아까 비명을 지른 친구 생각이 났다. 고개를 들어 둘러보니 원래 죽어 있어야 할 놈이 우리 옆에서 같이 쪼그리고 앉아 숨어 있었다. 우리는 그 친구를 본 순간 인간의 한계는 어디까지인가 하는 생각에 빠졌다.

그 일이 있은 뒤로 그 길에는 위험 표지판과 벌금 표지판이 새로 생겼다. 아무래도 우리 때문에 그 표지판이 생기지 않았나 싶다. 2002년 3월 20일

상처
아무에게도 말하고 싶지 않은 이야기도 스스럼없이 드러

내게 하는 것, 그 어떤 이야기라도 믿고 말하게 하는 것, 교사가 이끌어 주어야 할 몫이다. 어떻게 아이들 마음을 열게 할 것인가? 글쓰기 지도를 오래 해 본 교사일수록, 글쓰기가 잘되고 안되고는 여기에 달렸다고 말한다. 앞서 지도한 선생님들 방법만 보고, 그 방법이 좋다고 섣불리 덤볐다간 실패하기 십상이다. 글 잘 쓰는 방법을 가르치는 일보다 아이들과 마음을 나누는 일이 먼저다. 봄에 밭을 갈아 일구듯이, 아이들 마음을 부드럽게 열어젖혀 주기만 하면 글쓰기는 저절로 된다고 할 수 있다.

아이들 상처받은 이야기를 읽으면 가슴이 아프다. 읽다가 눈물 날 때도 있다. 그런데 아무리 큰 상처라 할지라도 이렇게 글로 한번 써 놓고 나면 어느 정도는 아물지 싶다. 상처를 치료하지 않고 그냥 덮어두면 덧나거나 잘 아물지 않을 수 있다. 마음속 상처를 이렇게 글로 써서 드러내면, 아무는 데 조금이라도 힘이 되지 않을까? 나는 글쓰기가 맺힌 마음을 풀어 주는 힘이 있다고 믿는다.

다음 소개하는 글도 참으로 가슴 아픈 이야기다. 우섭이가 이 글을 쓴 뒤에 친구들 앞에 나와서 이야기로 풀어놓기도 했다. 그때 몇몇 아이들이 같이 울었다. 이제는 이야기할 수 있을 만큼 아물기는 했으나, 그때 당시에는 어떠했을까. 아마 죄책감에 하루도 편히 자지 못했을 것 같다. 세월이 흐를수록 그 죄책감은 더 큰 아픔으로 다가올지도 모르겠다. 하지만 이 이야기를 들어 주는 사람들이 있었다는 것이 그때마다 작은 위안이 되어 주지 않을까.

생일 선물
부산상고 1학년 정우섭

요즘 아이들은 생일 선물로 엠피쓰리, 휴대폰, 돈, 신발, 옷 같은 것을 선물로 받고 싶어 한다. 그러나 나는 그런 아이들과 달리 다른 생일 선물을 받고 싶다.

내 생일 선물은 동생이다. 내가 동생을 생일 선물로 받고 싶다는 것을 사람들이 알면 이상하게 생각할 것이다. 하지만 나도 6학년 때까지는 그런 생각조차 하지 않았다. 하지만 이제는 동생을 가지고 싶고 소원이다.

나는 동생이 한 명 있다. 늦둥이로 태어나서 나랑 여덟 살이나 차이 난다. 아직 동생이 아무 생각이 없어서 문제를 많이 일으켰다. 그래서 유난히 동생을 미워했다. 하지만 이제는 둘도 없이 사랑한다.

6학년 때 마지막 가을 운동회가 있었다. 이 운동회가 마지막이라는 생각에 며칠 전부터 기대하고 있었다. 운동회 당일 친구랑 파란 학교 체육복을 입고 누나가 쓰던 청군 머리띠, 청군 손목 보호대를 차고 당당하게 학교를 갔다. 그때는 중학교, 고등학교에는 운동회가 없다는 걸 아쉬워했다.

일단 운동회를 시작하고, 처음에는 귀여운 1학년들이 '갑돌이와 갑순이'라는 주제로 율동을 했다. 한복을 입고 춤추는 게 정말 귀여웠다. 진짜 운동회가 시작된 걸 느꼈다. 가장 선배인 우리 6학년은 고학년답게 스피드를 요구하는 100미터 달리기와 계주가 기다리고 있었다. 나는 체격 조건이 좋지 않아서 결국 6년 내내 꼴찌를 면할 수 없었다.

이렇게 재미있는 운동회를 하고 결승만 남겨 두고 점심시간이 왔다. 아이들은 부모님과 약속한 장소로 일제히 뛰어갔다. 나도 물론 같이 뛰어갔다. 그 약속한 장소로 가 보니깐 부모님과 친구 부모님 그리고 동생이 있었다. 누나는 중학생이라 오질 못했다. 그래도 기분은 좋았다. 즐겁게 운동하고 무척 배가 고팠다. 그래서 가족보다는 먹을 것을 찾았다.

그런데 동생이 날 서럽게 만들었다. 그 싸 온 음식들을 다 먹지도 못하면서, 다 먹을 거라고 가져가 놓고서는 버리고 온 것이다. 그래서 할 수 없이 친구 부모님이 싸 온 음식으로 친구랑 같이 먹었다. 정말 동생이 미웠다. 밥을 다 먹고 친구랑 놀려고 하는데 동생이 심심하다고 놀아 달라고 떼를 썼다. 할 수 없이 나는 동생이랑 놀 수밖에 없었다.

운동회라서 학교 안쪽에 이상한 장난감을 팔려는 사람들이 많이 왔다. 나는 동생 장난감을 가장 싼 걸로 사 줬다. 하지만 웬일인지 투정 부리지 않았다. 나는 학교 문구사에서 오락이 하고 싶어서 동생을 데리고 오락을 하러 갔다. 학교 앞에 있는 문구사에 가려면 횡단보도를 건너야 했다. 운동회라서 차가 많이 다녔다.

파란불이 켜지고 나는 동생이랑 건너고 있었다. 그런데 동생이 장난감을 떨어뜨렸다. 나는 주워 주기 귀찮아서, "니가 주워 온나" 하고 먼저 횡단보도를 건넜다. 동생은 자기가 줍기 싫은지 떼를 썼다. 하지만 나는 그런 동생이 싫어서 무시하고 건넜다. 동생도 할 수 없는지 자기가 직접 장난감을 주웠다. 신호등은 빨간불이 켜졌다. 나는 아무 생각도 없이 횡단보도 밖에서 동생을 기다렸다. 그런데 위쪽에서 차가 달려오더니 내가 보는 앞에서 동생을 치었다. 동생은 저 멀리 아스팔트 도로에 내동강이쳐졌다. 나는 순간 아무 생각도 하지 못하고 아주 미세한 미동도 하지 않았다. 그 상황이 전혀 실감나지 못했다. 정신을 차리고 동생 쪽으로 가 보니, 동생은 피가 분수대처럼 흘러나오며 아파서 움직이는 게 아니라 막 꿈틀거렸다. 동생이 다쳤는데 나는 징그러워서 가까이 가지도 못했다. 나는 엄마 아빠를 부르고, 엄마는 그 자리에서 실신을 하셨다.

동생은 결국 다섯 살 나이에 산에서 잠만 자는 신세가 되었다. 동생이 이제 산에서 그만 자고 일어났으면 좋겠다. 내가 동생한테 무심하게 대한 게 미치도록 후회가 된다. 아마 동생은 내가 살아 있는 동안은 눈을 뜨지 못할 것 같다. 아마 내가 죽고 몇만 년이 지나도 깨질 못할 거라고 생각한다. 동생이 만약 다시 살아난다면 내 평생을 걸고 동생이랑 놀고 동생을 보살펴 주고 싶다. 동생이 사고를 당하기 전에 내가 그 싸구려 장난감만 들어 줬다면 이런 일도 없을 건데.

동생이 너무 보고 싶다. 내 생일에만이라도 살아 있는 내 동생을 보고 싶다. 그래서 내 생일 선물은 꼭 동생을 가지고 싶다. 이게 아마 내 평생 소원이 될 것 같다. 2004년 10월 9일

억울했던 일
앞에 글감 '상처'와 겹치기도 하지만, 속수무책으로 당했

던 일과 달리, 여기서는 억울하게 뒤집어썼다는 데에 무게를 두었다. 오해로 빚어진 일이나 억울하게 누명을 썼던 상처는 오래간다. 오랫동안 가슴속에 꽁하게 남아 있으면서 덧나기도 한다. 그 상처 때문에 마음이 삐뚤어지거나, 세상과 마음을 닫고 자기 세계에 갇혀 살거나, 아니면 전혀 엉뚱한 사람한테 폭력으로 드러나기도 한다. 글쓰기는 그 상처를 풀어 준다. 말하기 힘든 고통스런 상처라 하더라도 글로 풀어내고 나면 자기도 모르게 용서하는 마음이 자라나고, 그것이 앞으로 살아가는 힘이 되기도 하는 것 같다.

개 같은 날의 오후
부산상고 3학년 이영민

고1 어느 여름 토요일. 따스한 햇볕을 받으면서 '뭐 하고 놀까?' 생각하며 우리 반 아이들과 집으로 가는 길이었다. 언제나 토요일만 되면 입가에 산뜻한 웃음이 걸린다. 논다는 행복한 생각으로 어느덧 집에 왔다. 집에 오자마자 얼큰하이 담배를 한 대 소올 태웠다. 담배를 터는 순간 담배똥이 떨어지면서 옷에 담배빵을 내는 것이 아닌가. 담배똥이 떨어지면 하루가 재수 없어진다더니 영 찝찝했다. 혼자 씨바씨바 하면서 괜찮다며 달래는데 전화벨 소리가 울렸다.

전화를 받자마자,

"○새끼야, 여긴 가야 2파, 가야 1파 뭐 하는가?"

이러는 것이다. 기분도 더러워 죽겠는데 나도 바로 받아쳤다.

"씨바 1파고 2파고 니 누고? 이 ○같은 아름다운 새끼야."

그런데 알고 보니 내 친구였다. 그래서 이런저런 변명을 대며 화내서 미안하다고 했다. 이런저런 말을 주고받다 눈이 확 뜨이는 소리를 한다.

"내가 술 한잔 사마."

이 일곱 글자가 내 머릿속을 시원하게 해 주었다. 저녁 일곱 시에 만나자 하고 나는 씻고 준비를 하였다.

약속 장소로 나갔다. 내가 빨리 가서 그런지 친구는 아직 나오지 않았다. 한 삼십 분 정도 기다려야 할 것 같아서 그냥 오락실로 발걸음을 옮겼다. 그런데 이게 무엇인가? 지갑이 "저를 주워 가세요" 하고 길바닥에 떨어져 있었다. 나는 잽싸게 지갑을 주워 현금이 얼마나 있나 보았다. 돈은 없었다. 한숨이 나오는데 어느 무섭게 생긴 인간이 오더니 갑자기 나를 존나게 패기 시작했다. 때리는 이유를 몰라, "왜 때리는교?" 하고 눈을 부라려 떴다. 그러자 무섭게 생긴 놈이 "변호사를 선임할 수 있으며 묵비권을 행사할 수 있다" 이런 알아들을 수 없는 말을 하더니 경찰서로 데려가는 거 아닌가.

텔레비전에서 봐 오던 누명을 썼다는 걸 뒤늦게 깨달았다. 눈물이 나올 거 같았다. 사실을 말해 주어도 형사들은 니 같은 새끼 많이 봐 왔다면서, 거짓말하지 말라고 더 때렸다. 지금 시간은 여덟 시, 조사는 계속되고 약속은 늦었다 생각하니, 오늘 왜 이러는가 정말 개 같은 날이었다. 계속 안 훔쳤다고 하니 시끄럽다고 유치장에 처넣었다. 그리고 형사가 돌아서면서 조금 있으면 목격자이자 피해자가 온다고 하면서, 지금 말하면 안 때린다고 하였다. 나는 당장 불러 달라 했다. 그러자 갑자기 발이 날아왔다. 이번엔 정타를 맞았다. 태어나 쌍코피를 처음 흘리고 눈물도 찔끔 나왔다. 그리고 시간이 흘러 흘러 열두 시가 되었다. 드디어 목격자가 왔다는 것이다. 감격의 눈물이 나왔다. 목격자는 당연히 내가 아니라고 했다. 나는 형사들을 죽일 듯이 노려봤다. 내 얼굴은 핏자국에 눈두덩이가 부어 있었고 몰골이 말이 아니었다. 그러자 형사가 국밥을 사 주며 "학생 미안허이"이라고 웃는 거 아닌가. 두 눈에 눈물이 흘러내렸다. 혼자 씨바씨바 하면서 집으로 갔다. _{2004년 3월 31일}

반항

'저항'이란 말은 들으면 왠지 정의로워 보이고, 어떤 비장한 힘이 느껴지기도 한다. 그런데 '반항'이란 말은 비뚤어지고 어긋난 길로 가는 듯한 안 좋은 느낌이 든다. 그렇지만, 나는 '반항'을 조금 다르게 해석하고 싶다. 남의 힘에 기대어 살던 피동적 존재가 틀을 깨고, 주체적 인간으로 서 보려는 몸부림이라고 이해하면 어떨까. 때로는 부당한 힘에 맞서는 저항이기도 하고. 설령 잠시 어긋난 길로 빠졌다고 하더라도 그만한 오류의 가치는 있다고 생각한다. 그런 점에서 '반항'도 좋은 글감이라 할 수 있겠다.

여름방학 날의 외출
○○고 2학년 신용기

"그럼, 다녀온나."

차에서 내려 학교로 향했다.

한창 뜨겁고 푹푹 찌는 여름방학 날 학교라니. 에휴!

나는 궁시렁거리며 5층에 있는 우리 반 교실로 들어갔다. 반에는 가족 여행 핑계로 아예 나오지 않은 애들이 많았고, 그래서 그런지 애들이 적었다. 남은 시간 동안 엎드려 자고 있다가, 담임선생님이 조례하러 들어오셨다. 담임선생님은 평소 같으면 애들에게 이런저런 잔소리를 많이 하는데, 오늘은 그게 없었다. 표정을 보니 피곤하고 우울해 보였다. 방학 시작하고 처음부터 폭풍 같은 무단 조퇴로 상처를 많이 받은 듯하다.

"수업 째지 말고. 잘 들어라."

담임선생님은 반에 들어오시자마자 힘이 빠진 목소리로 조례를 마치셨다. 조례가 끝나고 수업이 시작되었다.

1교시 수학.

평소와 다름없이 머리를 닭벼슬처럼 세우고 반무테안경을 쓰고 한 손에는 크라켓 몽둥이를 들고 다른 한 손에는 수학책을 들고 있었으며 체크무늬 남방과 청바지 차림을 한 여드름투성이인 젊은 수학 선생님이 들어오셨다.

"차렷! 경례!"

"안녕하세요."

"여러분 책 몇 쪽 할 차례예요?"

집중이 되질 않는다. 요즘 들어서 통 우울한 나날의 연속이다. 내 머릿속은 마치 구겨 넣었을 때 이리저리 뒤엉키고 꼬인 이어폰마냥 잡생각으로 뒤엉켜 있다. 며칠 전, 부모님에게 크게 혼난 것 때문일까.

방학 전날 수요일, 동아리 반일제로 오후 3시에, 보통보다 학교를 배로 일찍 마친 날, 나는 일찍 마치면 언제나 그랬던 것처럼 피시방으로 가 게임을 했다.

신나게 메이플스토리를 하다가 적절한 오후 6시쯤에 돼서 살짝 나와 집까지 걸어가려 했다. 그나저나 밖을 나와 보니 날이 여름치고 굉장히 어두웠고 장맛비가 빼곡하게 쏴아아아 하고 내리고 있었다. 가는 길에 바짓가랑이가 다 젖어 버렸다. 집에 들어오니 아빠는 소파에 누워 계셨다. 금방 옷을 갈아입고 엄마를 찾아봤는데 아직 엄만 집에 안 계셨다.

"엄마 어디 계세요?"

"니가 전화 걸어서 찾아봐라."

왠지 평소보다 더 시큰둥한 표정이었다. 흠, 뭔 일이지?

우산을 들고나와 엄마를 찾으러 나갔다.

엄마는 학교에서 마쳐서 집으로 갈 때 지나는 아파트 정문 쪽에 서 있었다. 여긴 웬일일까?

어쨌든 엄마를 만나서 같이 집으로 들어갔다. 엄마가 차려 주신 저녁을 먹고 나서 나는 평소와 다름없이 내 방으로 들어가 스마트폰으로 유머 사이트를 뒤적거리며 조용히 낄낄거리고 있었다. 근데 얼마 후, 엄마가 나를 부르셨다.

"용기야, 나와 봐. 우리 이야기 좀 해 보자. 가족회의."

거실로 나왔다. 근데 뭔가 분위기가 심상치 않았다. 먼저 티비가 꺼져 있었는데, 이는 내가 뭔가 좋지 않은 일을 했을 때 본격적으로 혼날 때나 훈계를 할 때 자주 볼 수 있는 상황이었다.

'뭐, 뭐꼬?'

뭔가 안 좋은 일을 예감하고 있었는데, 그때 엄마가 손에서 흰 종이 하나를 들고나오셨다.

'성적표!'

그게 성적표임을 알게 된 순간 머리가 새하얗게 질려 버렸다. 온몸의 피가 싸늘하게 얼어붙어 버렸고, 심장은 쿵쿵쿵 쿵짜라작작 쿵쾅쿵쾅 빨리 뛰기 시작했고, 머리가 쭈뼛쭈뼛 서기 시작했다.

'아, 개털리겠네. 개좆됐다.'

다들 마룻바닥에 앉아 아무 말이 없었다. 적막했다. 밖에서 내리는 처량한 빗소리만이 들렸다.

"휴우우우우."

아빠는 내 성적표를 보시면서 할 말을 잃은 표정으로 있으시다가 한숨을 쉬셨다. 엄마는 그 옆에서 걱정된 표정으로 앉아 계셨다.

한참 그렇게 다들 말이 없다가 아빠가 처음으로 입을 여셨다.

"니, 꿈이 뭔데?"

나는 눈치를 보다가 기어들어 가는 목소리로 말했다.

"광고업계나 디자인 쪽이요."

"그거 할라 하면 무슨 공부 해야 되는데?"

"그 광고 홍보학과나 디자인 학부나."

"그럼 니, 이과 가지 말고 문과 갔어야 했네."

"……."

둘 다 잠깐 동안 말이 없다가 다시 아빠가 입을 여셨다.

"니, 그럼 그동안 무슨 일이 일어났노? 뭐 때문에 성적이 떨어졌다고 생각하노. 말해 봐라."

한참 동안 다시 눈치를 보다가 입을 열었다.

"내가 공부를 왜 해야 하는지 몰랐어요. 대학이니 이런 것도 꼭 가야 되는지. 그리고……."

또 요즘에 겪고 있던 고민 여러 가지를 조심스럽게 털어
놨다.

"그래, 그래 가지고 그렇게 성적을 말아 처먹었단 말이
가?"

갑자기 아빠가 성난 목소리로 말을 끊으셨다.

"응, 이 새끼야?"

그러면서 벌떡 일어나셨다.

"완전히 이거 개판이네 개판. 국어 이게 뭐고? 영어는 또
와이리 못 쳤노? 그리고."

성큼성큼 다가오시더니

"야 이 새끼야, 수학 학원을 다녔는데도 이따구야!"

내 뒤통수를 세게 내리쳤다.

픽.

맞은 곳이 멍 울리더니 갑자기 울컥하기도 했고 화도 났
다. 성적 하나 때문에 이렇게 혼나야 되나.

"수학 학원을! 다니는데도! 이따구로 나와!"

말이 한 마디 한 마디 끊길 때마다 뒤통수에 손바닥이 오
고 갔다.

그러더니

"야 이 새끼야, 이게 성적이가? 이 병신 같은 새끼. 이게 성적이냐고! 할아버지, 아빠, 형, 엄마 쪽이나 팔러 다니고!"

이어지는 발길질과 주먹질. 끝이 아니었다. 어디론가 향하시더니 내가 초등학교 검도 시간에 쓰던 죽도를 들고 오시더니,

"이 새꺄! 수학을! 다니는데도! 이따구로밖에 못 받아 와?"

죽도를 풀스윙으로 내 팔에 휘두르셨다.

"그만하세요! 애 다치겠다."

엄마가 뜯어말리셨다.

맞은 곳이 욱신욱신 쑤셨다.

"확 마, 이 새끼가."

아빠는 다시 한번 더 잡아먹을 태세로 나에게 달려들려 하셨다.

"말로 하세요, 말로."

엄마가 가족 다 다시 자리에 앉히셨다. 그러고는

"니, 그래. 이게 있을 수 있는 일이가?"

다시 훈계하시려고 할 때.

"조용히 해라. 내가 알아서 한다 안카나!"

갑자기 아빠가 쩌렁쩌렁 소리를 지르셨다. 나는 그 무서운 기세에 완전히 눌려 버렸고 엄청나게 겁을 먹었다.

그 후, 아빠가 또 물으셨다.

"그럼 니 대학은 왜 가야 되는지 아나?"

"더 배울려고 가는 거잖아요. 배우고 싶은 거."

"먹고살라고 가는 거다. 이 병신 새꺄! 먹고살라고!"

엄마도 옆에서 거드셨다.

"어째 그래 넌 현실 감각이 없노?"

이어지는 아빠의 질타.

"이래 가지고 니 대학 못 간데이!"

이어서 또 엄마,

"니 대학 안 나오고 얼마나 힘든 줄 아나? 니가 모르고 하는 말이다. 대학 안 나오고 우리나라에선 못 산다. 그래 니 어디 한번 대학 안 간다고 해 봐라. 그 순간에 니는 바로 인생 끝장인 기다."

"……."

"다시 말해 봐라. 대학은 왜 가야 된다고?"

이건 아니다. 대학을 먹고살려고 가야 한다니. 대학은 배울려고 가는 것이 아니냐고 말하고 싶었지만 감히 그 말을 할 수 없었다.

"먹고살려고요."

"먹고살아야 된다. 그래 니 지금 이게 얼마나 치명적으로 작용할 줄 아나? 지금 한시가 급하다. 발등에 불똥 떨어졌다."

"그리고."

다시 아빠가 끼어드셨다.

"니, 컴 금지에 폰 압수다. 알겠나."

내 방에 들어가시더니 보는 앞에서 압수해 버리셨다.

"그리고 내가 보기엔 닌 광고 쪽이니 디자인 쪽이니 재능이고 뭐고 없다. 아는 거 잘하는 거 좆도 없는 새끼가 광고니 지랄이니 한다니. 앞으로 내 앞에서 그런 소리 한 번만 더 나온다면 집 나갈 각오해라. 니 대학 목표는 스카이, 카이스트, 뭐 갈 수 있는진 모르겠지만 적어도 부산대다. 그것도 다 안 되면 니 ○○대학에 끌고 갈 끼다. 또 그리고 니담임선생님이나 상담센터에서 상담 이딴 것도 할 생각 마라. 하는 순간 죽여 버린다! 알았나!"

하아. 우리 부모님은 왜 성적이랑 공부하는 걸로 사람을 판단할까. 도대체 그놈의 성적이 뭐길래. 그놈의 대학이 대체 뭐길래.

모든 게 귀찮고 짜증 난다. 우울하고, 두 눈은 뻥 뚫려 초점이 없었고 흐리멍텅했으며 머릿속은 멍했다.

"여러분 혹시 중국에 함 가 보신 분! 손 한번 들어 보세요."

아, 저 수학 쌤은 지금 2학기 말에 수학여행 중국에 가는데 그거 말씀하시는구나.

딩동댕. 종이 쳤다. 쉬는 시간.

나는 애들이랑 일어서서 떠들 기분이 안 났고 그냥 그래서 그 자리에서 엎드려 잤다.

그다음 시간이 되어 일어나서도 여전히 머리는 뒤죽박죽이고 두 눈은 초점이 없었다. 쉬는 시간 때마다는 늘 엎드려 잤고 수업 시간 때마다는 늘 멍하게 멍 때리거나 의미 없는 낙서나 끄적이며 시간을 보냈다. 그렇게 시간을 보내다가 점심시간이 되었다. 나는 후다닥 뛰어나와 줄을 섰고 애들이랑 같이 밥을 받아 먹었다.

"우리 먼저 가 있는디."

후다닥 밥을 해치운 아이들은 먼저 나가 어딘가로 향했다. 밥을 다 먹고 나서 매점에 가 봤는데 애들이 없었다. 운동장에도 축구하는 우리 반 애들은 안 보였고 농구대나 농구대 근처에도 우리 반 애들은 안 보였다. 교실로 갔나 보네. 교실로 올라가서 문을 여는데 성만이가 나에게 말을 걸었다.

"용기, 우리 피시 갈래?"

난 살짝 웃어 주면서 말을 받았다.

"언제?"

갑자기 애들이 크게 웃기 시작했다.

"용기 표정 봐라."

"오 짼다 짼다."

"와 니도 째나?"

모두 한마디씩 했다. 나는 평소에 조용하고 모범적인 학생
이기에 그런 모습을 본 애들은 의외라고 생각했으리라.

성만이랑 몇몇 애들이 가방을 싸면서,

"우리 지금 갈 낀데 니도 빨리 가방 싸라."

"뭐 가방을?"

잠만. 아! 째, 말어?

갈등이 일어났다.

마음 한쪽에는 천사가 유혹에 빠지지 말라고 말리고 있었
고, 또 다른 마음 한쪽에는 악마가 어차피 방학이니 그냥
째라고 부추기고 있었다.

'에라 쌍 모르겠다.'

나는 배 째라 모드로 들어갔다. 될 대로 되란 식으로 가방
을 쌌다.

'뭐 그래 어차피 방학인데.'

나는 가방을 다 싸고 피부가 까매서 흑인이라 부르는 서
광이, 몸집이 크고 서광이와 대조적으로 피부가 희고 머리
가 노랑색 비슷해서 별명이 러시아인인 성택이, 반에서 제
일 활발한 성만이, 나름 잘생겼지만 잘 삐지는 현수, 잘 설
치는 강준이, 지상렬 닮은 용진이, 농구 시간에 몇 번 본 태
현이, 이렇게 피시로 째는 애들 대열에 합류했다. 피부가
새빨개서 빨갱이라고 놀림받는 진용이도 나와 친구들이
꼬드겨서 같이 데 가려고 했지만 안 따라 나왔다.

뭐 그렇게 해서 다 나왔다. 나오면서 교실을 돌아보는데
겨우 여섯 명만이 남아 있었다. 우리는 정문으로 당당히
걸어 나갔다. 정문은 마치 우리를 반기듯 활짝 열려 있었
고, 그곳을 지키는 수위도 보이지 않았다. 우리는 서면 쪽
피시방으로 향했다.

걸어가면서 서광이가 말했다.

"아, 이거 들키면 혼나는데. 아, 이거 어쩌지."

"씨발 배 째라 해. 어차피 방학인데."

"용기 이 새끼 타락했네."

이런저런 얘기를 하면서 걸어가다 피시에 도착했다. 처음
엔 아무런 걱정 없이 신나게 게임을 했다. 나는 스타크래
프트를 하다가 나중에 태현이랑 같이 1:1로 뜨기도 했다.

근데, 게임하다가 갑자기 성만이한테 전화가 왔다.

전화기 사이로 들려오는 목소리.

"성만이, 니들 좆됐디. 교감 쌤이 학반 돌아보다가 빡쳐서 이름 다 적으라 하고 부모님한테 전화 건댔디!"

순간 가슴이 철렁 내려앉았다. 애들은 뭐고? 뭐고? 하면서 우르르 몰려들어서 웅성대고 있었다. 나는 마음속으로 '시발 구라다. 설마 저러겠나. 배 째라 배 째' 하며 처음 몇십 분 동안 애써 태연한 척을 했다.

게임 좀 더 하다가 성택이 빼고 전부 피시방을 나왔다. 그때 성만이 폰으로 날아온 문자 메시지.

'용기는 어디 있는지 알고 싶은데?'

보자마자 '미친? 진짠갑다.' 갑자기 마음이 다급해지기 시작했다.

중학교 3학년 방학 때, 쉬는 날에 학원에 일찍 간다고 거짓말하고 피시방에서 죽치고 게임하고 있다가 엄마한테 들켜서 오지게 혼난 적이 있었는데, 이번엔 아예 학교 수업을 째 버리고 피시를 갔으니, 진짜 이번엔 존나 개처발릴 것 같았다.

"아 나 씨발 우짜노?"

웃으면서 말을 했지만 표정은 굳어 버렸고 웃는 게 웃는 게 아니었다.

"몰라."

"니 알아서 해라."

"그럼 난 간다. 바이 바이."

"바이 바이."

애들이 다 흩어지고 난 후 난 한참 동안이나 혼자 남아서 고민을 했다.

시간은 5시 30분쯤이었고.

'어떻게 하지. 쌤한테 털어놓아서 어떻게 어떻게 잘 말이 전달되게 해야 하나.'

또 이상한 점은 쌤이 나만 찾은 거였다. 내가 반장이고, 선생님한테 유달리 많은 관심을 받고 있는 애라서 그런가. 뭐 어쨌든 난 일단 학교 근처에 가서 엄마 차가 있는지 없는지만 보고 판단하려고 했다. 근데 내가 서면에서 학교 쪽으로 가는데 중간에 엄마 차가 학교에서 왔다가 가는 것 아닌가. 번호판도 살짝 봤는데 확실히 엄마 차였다. 엄마를 볼 뻔했는데 왠지 마주치면 아주 죽을 것만 같아서 후다닥 숨은 후에

'아! 나, 어쩔 수 없다. 학교 가서 쌤이랑 잘 타협해야겠다.'

결단을 내린 후 학교로 빨리 뛰어갔다. 그때 피부가 시꺼

멓고 흑염소 닮은 해원이가 나를 보더니 의미심장한 웃음을 지었다.

'왜 저러노. 설마?'

그리고 뒤이어서 나오는 우리 반 종익이가 말했다.

"용기, 니 엄마 왔다 가시더라."

역시.

일단 2층 교무실로 최대한 당당히 걸어 나갔다. 그리고 2학년부장 쪽인 우리 반 선생님 쪽으로 갔다. 담임쌤한테 혼날 줄 알았는데, 의외로 부드러운 미소를 지어 주시면서 나에게 말을 걸으셨다.

"그래 왔나. 뭐 하다 왔노?"

"……."

"성만이랑 애들이랑 같이 있은 기가. 성만이는 니랑 애들이랑 서면에 같이 있다가 집으로 다 갔다고 말하던데?"

"……."

"집에는 갔다 왔나?"

"아뇨."

"뭐 하다 왔는데?"

"……."

"어디 갔는지 알아야 될 거 아니가."

"……."

말을 할 수가 없었다.

"그래."

그러시더니 쌤은

"이미 지나간 일이니까 너무 신경 쓰지 마라. 난 별로 혼 안 낼 거다. 그리고 나도 방학 때 학교 나오는 거 자체가 잘 못됐다고 생각한다. 근데 학교에서 시키는데 어쩔 수가 없 잖아. 또, 내가 애들이 가족 여행 핑계로 학교 안 오겠다는 거 그냥 허락해 주니까 봐라 완전히 이거 체제가 무너져 버렸잖아. 반이."

그리고 아까 엄마가 왔다 간 이야기를 해 주셨다.

"엄마 말로는 니가 요즘 너무 힘들어 보이길래 7교시쯤에 미리 와 있어서 나오는 시간에 밥도 사 주고 그렇게 할려 고 했다던데, 니가 사라져서 엄마랑 나는 어쩔 줄을 몰랐 다. 멍하게 기다리고 있다가 집에 갔겠지 하고 방금 엄마 를 집에 보낸 참이었다."

흐음. 그랬었구나. 괜히 오해했네.

그 후 선생님이 엄마에게 전화를 걸어 주셨다.

"그래 용기야, 남아서 공부하다 갈 거니 아니면 집에 와 있 을래?"

197

엄마 목소리는 많이 부드러웠다.

"평상시처럼 학교 정독실 밤까지 남아서 하고 갈게요."

"힘들면 그냥 와도 된다."

"괜찮아요."

엄마한테 빚진 느낌이 있어서 그걸 갚기 위해 정독실에서 열심히 공부했다.

정독실을 마치고 집에 온 후, 엄마랑 방에서 얘기를 했다.

"그래. 애들이랑 째 보니까 느낌이 어떻데?"

목소리가 너무 침착하고 부드러웠다.

평상시라면 쨌을 때 보이는 반응이랑 극과 극으로 달라서 많이 놀랐다.

"흠, 처음엔 그냥 아무런 걱정 없었는데 들켰다는 걸 알 때부터 불안불안했어요. 그리고 저 때문에 화나셨어요?"

"괜찮다. 이미 지나간 일 말해서 뭐 하겠노. 그리고 임마, 화 안 났고. 니가 갑자기 없어지니까 놀랬다이가. 담부턴 놀래게 하지 좀 마라."

휴우우 다행이다. 아빠도 혼내실 줄 알았는데 별말씀 안 하셨다. 혼날 줄 알고 굉장히 부들부들 겁에 질려 있었는데. 어쨌든, 학교 수업을 대놓고 쨌 나는 나한테는 특별한 추억이 될 것이다. 2013년 1월 7일

식구 이야기

'식구 이야기'에도 앞서 이야기한 네 가지 글감이 다 들어 있다. 글감을 제대로 나누자면 주제별로 나누든지, 아니면 이야기 대상(사람)으로 나누든지 해야 옳다. '따뜻한 기억' '상처' '반항' '억울한 일' 이렇게 주제별로 나누면서 굳이 '식구 이야기'를 한 번 더 겹쳐 넣은 까닭은, 아이들 글에 이 글감이 유난히 많아서다. 글감을 못 찾아 끙끙대는 아이들에게 쉽게 떠올릴 수 있도록 도와주자는 뜻이다. 이야기 대상을 먼저 정해 놓고 나면 이야기 주제는 저절로 따라오기도 한다. 다음 〈면회〉라는 글도 식구 이야기이면서 상처받은 이야기다.

면회
○○여고 3학년 김은지

내가 중학교 2학년 때부터 유행했던 인터넷 소설 쓰기 이후로, 소설 같은 내 이야기를 써 보기는 정말 오랜만인 것 같다. 나는 올해 들어서 힘든 일이 많았다. 그래서 상담을 받거나, 친구들에게 내 이야기를 털어놓고 싶은 때가 많았지만 친한 친구들은 다 다른 학교로 가고, 우리 학교에는 친구가 있어도 속마음 털어놓고 얘기할 정도로 친하지는 않다. 친구들에겐 늘 '강한 아이'라는 이미지가 깊이 심어져 있어서 힘든 티도 못 내고 그냥 그렇게 지내 왔고 요즘도 그렇다.

현재 우리 가족은 아빠, 나, 여동생, 남동생 둘, 모두 다섯 식구다. 엄마는 내가 고등학교 1학년 초에 아빠와 이혼하고 따로 산다. 아빠는 술만 마시면 엄마에게 폭력을 휘둘렀다. 엄마는 자식들을 위해 아빠의 폭력을 17년 동안 참아 왔다. 엄마뿐 아니라 우리 형제들 또한 그런 아빠한테 몹시 시달렸다. 아직도 내 기억 속엔 부모님이라는 말을 떠올리면 늘 두 분이 싸우고 있는 모습밖에 떠오르지 않고, 고통스러워하는 엄마의 비명 소리가 귓가에 맴돌고, 그때마다 난 소름이 돋는다.

부모님이 이혼한 지 2년 정도 지났다. 그사이에 아빠는 우리를 감시해 왔다. 따로 엄마를 만나는지, 전화를 하는지 캐물었다. 우리는 엄마를 자주 만났고 전화도 자주 했지만 아빠가 물어볼 때마다 거짓말을 했다. 한 1년 반 정도 지나니까 아빠의 의심증은 줄어 갔고, 아빠는 예전보다 눈에 띄게 약해졌다. 가끔 아빠의 쇠약해진 몸과 얼굴을 볼 때면 안쓰럽고 가엾다는 생각을 했다. 그래서 잘해 드려야겠다고 마음먹으면 꼭 그날 아빠는 우리를 괴롭혔고, 나는 더욱 아빠에게 악질적으로 대했다.

어느 날 내가 도서부 짝언니에게 졸업 선물을 주려고 책 사러 서면 교보문고에 갔는데 내 휴대폰으로 전화가 왔다. 휴대폰 화면을 보니 발신자 '완전ㄷㄷㄷ', 집이었다. 처음에는 아빠일 것 같아서 받지 않았다. 긴 갈등 끝에 전화가 끊겼지만 또 진동이 울렸다. 나는 체념하고 전화를 받았다. 역시 만취에다가 화가 잔뜩 나 있는 아빠였다. 다짜고짜 집에 안 들어올 거냐면서 욕하고 목소리를 높였다. 나는 아빠의 목소리가 정말 짜증 날 정도로 듣기 싫다. 그래서 아빠한테 전화가 오면 늘 하는 행동을 했다. 아빠의 말을 듣지 않고 휴대폰을 내 가슴팍에 묻었다.

잠시 후에 휴대폰에 귀를 대 보니 "들어오지 마라" 하는 말과 함께 전화가 끊겼다. 속으로 '그래 내가 안 가고 만다. 나도 집 지긋지긋하다' 그렇게 내뱉고 잘 곳을 알아보았다. 그런데 다음 날이 설이라서 친구 집에선 잘 수가 없었다. 엄마한테도 전화를 했지만 받지 않았다. 처량했다. 그때 시각이 저녁 8시 정도 되었던 것 같다. 잘 곳을 찾다가 안 돼서 내가 다니는 교회로 향했다.

버스를 타고 가는 동안 '이렇게 살아야 하나' 하는 생각에 눈물이 났다. 교회에 도착해서 '중보 기도'라는 것을 하면서 초록색 종이에 내 심정을 적었다. 눈물 때문에 보이지 않는 글을 써 내려갔다. 그리고 금요일 밤에 하는 철야 예배를 드리고 있는데 또 집에서 전화가 왔다.

전화를 받았다. 아빠였다. 집에 안 들어올 거냐고 했다. 나는 집에 오라고 하면 가겠다고 하였다. 잠깐 동안 침묵 끝에 아빠가 오라고 했다. 철야 예배를 마치고 집으로 갔다. 아빠는 내가 올 때까지 기다리고 계시다가 내가 집에 와서야 주무셨다. 아빠는 내게 아무것도 묻지 않고 아무 말도 하지 않았다. 나는 한편으론 다행이라는 생각이 들었고 또 다른 한편으론 가슴이 아팠다. 그렇게 폭풍 같고 처량했던 나의 하루가 지나갔다.

다음 날 자고 일어나서 문자 메시지를 확인했다. 어제 내가 재워 달라고 했던 친구들과 우리 여동생이 보낸 문자가 들어와 있었다. 먼저 동생이 보낸 문자부터 보았다.

"언니, 엄마 구치소에 있단다."

가슴이 무너져 내리는 것만 같았다. 여동생을 깨워서 화장실로 데려가 이게 무슨 말이냐고 물었다. 동생은 아빠가 들을까 봐 낮은 소리로 말했다.

"어제 이모한테서 연락받았다. 엄마 구치소에 있다고."

곧바로 이모한테 연락했고, 이모는 엄마가 보험 사기죄로 잡혀갔다고 했다.

며칠 뒤 담임선생님과 면담하고 엄마에게 갔다 올 수 있는 허락을 얻었다. 엄마가 잡혀간 지 한 달이 조금 넘어서 엄마한테 갈 수 있었다.

노는 토요일에 점심을 엄청 빨리 먹고 친구들에겐 군대 면회를 간다고 거짓말을 하고, 학교를 나와 젖 먹던 힘까지 다해 버스 정류소로 갔다. 버스를 타고 구덕터널을 지나서 내렸다. 다시 택시를 타고 주례구치소에 가까스로 시간 안에 도착할 수 있었다. 나는 처음 간 곳이라 어쩔 줄 몰라 하다가 안내원의 안내에 따라 엄마와 접견을 신청했다.

엄마를 만나러 가는 길이 너무 멀게만 느껴졌고 굉장히 떨렸다. 심장이 터질 것만 같고, 추위에 떠는 강아지마냥 온몸이 덜덜 떨렸다. 십여 분이 지나선가 나는 18번이라고 적혀 있는 문을 열고 들어갔다. 엄마와 그 옆에 여자 교도관이 앉아 있었다. 나는 엄마가 입은 그 낯선 옷을 보자마자 고개를 떨구었다. 나는 고개를 들지 않았다. 눈물 때문에 들 수가 없다. 폭포에서 물이 떨어지듯 하염없이 눈물이 쏟아져 내렸다.

깨부술 수 없는, 넘어갈 수 없는 큰 투명 방호벽이 엄마와

나 사이를 갈라놓고 있었다. 방호벽 너머로 엄마의 목소리가 울려서 내 귀에 들려왔다. 엄마는 울지 말라며 나를 위로하였다. 나는 더 커다란 눈물방울을 떨어뜨렸다. 통제가 되지 않았다. 그러나 나는 7분밖에 주어지지 않는 면회 시간을 생각하고 얼른 눈물을 그쳤다.

"어쩐지 꿈에서 니가 올 것 같더라. 민서, 정우, 진우, 이번에 다 입학했제? 엄마가 깜박했다. 애들 학교생활은 잘하고 있나? 니도 공부 열심히 하고 있고?"

"어어, 민서는 내랑 같은 학교 다니고, 정우는 ○○중학교, 진우는 ○○초등학교 입학했다. 애들 다 건강하게 잘 지낸다. 엄마는?"

"엄마는 여기서 한 방에 여섯 명이 같이 지낸다. 엄마 걱정은 하지 마. 아빠는 어찌 지내노? 술 많이 안 마시나? 너희 안 괴롭히고?"

"그 인간은 뭐 하러 물어보노?"

"그러지 마라. 그래도 너희 아빠 아니가. 니가 맏이니까 잘해 드리고 동생들 잘 보살피고. 알겠제?"

"알았다."

"아빠는 좀 어떻노?"

"아빠는 한두 주 뒤면 퇴원할 것 같다. 요즘은 병원에서 돈 더 많이 쓰던데. 술도 많이 마시고 병원 사람들이랑 돈내기 카드놀이도 하고."

"휴우."

"엄마 필요한 거 없나?"

"응 할매가 돈 좀 주고 갔다. 이모랑. 그리고 너 이모가 그러던데 스트레스받아서 계속 머리카락 뽑는다며. 그러다가 탈모 되면 어떡할래? 그러지 마라. 엄마 마음이 더 아프다. 그만 뽑아라. 그리고 엄마 너 졸업식 할 땐 갈 수 있을 거야."

"⋯⋯."

나는 무엇 때문인지는 모르겠지만 목이 칵 메어 와서 말을 이을 수가 없었다. 또 엄마가 말하였다. 엄마 생일날 구치소에 잡혀 왔다고. 정말 가슴이 메어 왔다. 나는 엄마를 바라보았다. 엄마는 웃고 있었다. 엄마 생일날 생일 축하한다고 내가 보낸 문자 보았다고, 고맙다고 하면서 엄마는 구치소 생활 불편하지 않으니까 걱정 말라고 하였다. 나도 엄마에게 힘을 주고자, 막내 여덟 살 진우가 집에서 벌이는 말썽과 웃긴 말들을 얘기해 주었다. 엄마는 기분 좋게 크게 웃었다. 이 이야기가 끝나자 면회 시간이 종료되었다.

정말 30초도 안 된 것 같은데 벌써 종료라니. 막 마음이 다 급해졌다. 면회 시간이 끝나자마자 참하게 생긴 교도관 언니가 쓴웃음을 지으며, "아쉽게도 면회가 끝났습니다" 하는 말과 함께 엄마가 나갈 문을 열었다.

엄마는 끝까지 웃으면서 잘 지내라는 말과 함께 자꾸 뒤돌아보며 나갔다. 나도 웃으며 또 오겠다는 말을 하면서 엄마의 뒷모습을 끝까지 지켜보았다.

엄마가 나간 문이 닫히자 또 눈물이 쏟아졌다. 울면서 힘없이 내려오는데 사람들이 참 안됐다는 표정으로 나를 쳐다보았다. 눈물을 멈추려고 해도 멈춰지지 않았다. 나는 엄마를 위해 기도를 하려고 '가야'로 가는 버스에 올랐다. 버스 안에서 소리 없이 피처럼 뜨거운 눈물이 흘렀다.

한 30분 정도 달려서 가야에 도착했다. 내려서 걷는데 돌덩이가 내 어깨를 누르고 내 발에 쇳덩이가 묶여 있는 것 같았다. 교회로 무거운 발걸음을 옮겼다. 얼마나 천천히 걸었는지 그 짧은 거리를 15분이나 걸었다.

나는 방석 두 개를 가지고 구석에 자리를 잡고 가방을 내려놓고 두 손을 모으고 눈을 감았다.

"하나님! 왜 제게 이런 감당할 수 없는 시련을 주십니까? 하나님 아버지! 하나님 아버지! 정말 간절히 기도드립니다. 저희 어머니 곁에서 건강과 어머니 마음을 보살펴 주세요. 보살펴 주세요……."

'보살펴 주세요'를 되풀이하면서 기도를 드렸다.

이날은 정말 내가 태어나서 이때까지 울었던 눈물보다 더 많은 눈물을 흘린 날인 것 같다. 또 정말 온 마음으로 기도를 드린 날이었다.

엄마의 부탁대로 동생들을 잘 보살피고 있다. 아직 어린 진우는 엄마가 어디 있는지 무엇을 하며 살아가는지 모른다. 정우 또한 모른다. 우리 남동생들이 좀 더 커서 이 일을 알게 되면 엄마를 어떻게 생각할지 모르겠지만, 난 동생들이 내 말을 이해할 때가 되면 이렇게 말해 주고 싶다.

"누구보다 우리를 아껴 주고 사랑해 주고 걱정해 주시는 사랑하는 우리 엄마다." 2007년 3월 29일

8

성장소설 쓰기

한 번에 하나씩

성장소설을 쓴다고 해서, 지금까지 자라 온 이야기를 모두 다 쓸 필요는 없다. 쓸 수도 없거니와, 설령 쓴다고 하더라도 설명하는 글이 되기 쉽다. 글을 쓸 때 글감을 좁게 잡는 것이 중요하다. 일기를 쓸 때도 하루 한 가지 일만 붙잡아 쓰는 것이 좋다. 일기 지도를 오래 해 본 교사들은 일기에 제목을 붙여 쓰라 권한다. 일기를 날마다 꾸준하게 못 쓰는 까닭이 하루 동안 겪은 일을 빠짐없이 다 쓰려고 하기 때문이다. 이야기글도 마찬가지다. 자라 온 이야기 가운데 한 꼭지만 붙잡아서 써야 쓰기 쉽다. 한 꼭지라 함은 작은 사건 여럿이 서로 얽힌 큰 사건 하나라는 말이다. 어떤 일이든지 큰 사건에는 작은 사건 여럿이 서로 얽혀 있게 마련이다. 먼저 하나를 붙잡아서 쓰고, 또 쓰고 싶은 이야기가 있으면 다른 제목으로 쓰면 된다. 한번 글 쓰는 데 재미를 붙인 아이들은, 또 쓰라고 시키지 않아도 스스로 써서,

211

읽어 봐 달라며 가져오기도 한다. 그럴 때 참 흐뭇하다.

또래 아이들 글 맛보기

어느 해든지 '자라 온 이야기' 쓰기로 글쓰기를 시작한다. 3월과 4월은 뜸을 들이면서 그동안 아이들이 쓴 글을 국어 교과 시간에 하나씩 읽어 준다. '저 정도는 나도 쓸 수 있겠구나' '나도 쓰고 싶은 이야기가 떠올랐다' 하는 마음이 일 때까지 기다린다.

글은 이렇게 써야 한다는 그 어떤 설명보다 좋은 보기글 하나가 아이들에게 미치는 힘이 더 큰 것 같다. '저렇게 쓰면 되는구나!' 하고, 아이들은 감으로 알아챈다. 쓰고 싶은 마음을 일어나게 하는 데에 보기글이 큰 몫을 한다. 이론으로 조목조목 설명해 주지는 않지만, 보기글을 읽어 줄 때 마음 써서 강조하는 것이 몇 가지 있다. 보기글을 읽어 주다가 잠시 멈추고, '이 대목 어때요?' '뭐 느끼는 게 없나요?' '다시 들어 봐요' 하면서 어느 한 대목을 다시 읽어 준다. 보기글을 읽어 줄 때, 서사문이 갖추어야 할 요건들을 하나씩 마음 써서 가르친다. 앞서 살펴본 각 꼭지마다 내가 힘주어 말해 놓은 서사문의 요건이 하나씩 들어 있다.

'겪은 이야기'와 '꾸며 낸 이야기'

꾸며 낸 이야기를 '허구적 서사'라 하고 겪은 이야기를 '경험적 서사'라 한다. 아이들에게 글쓰기 교육을 할 때, 어느 쪽으로 들어서는 것이 좋을까? 흔히 경험 세계보다는 경험 못 해 본 세계가 더 값어치 있다고 생각하기 쉽다. 보고 듣고 겪은 대로 쓰는 정직한 글쓰기는 가치가 떨어진다고 여긴다. 문학작품을 쓴다는 사람들일수록 이 생각이 머릿속에 굳게 박힌 듯하다. 나는 아이들과 글쓰기를 할 때 정직한 글쓰기에 매달린다. 시 쓰기를 할 때도 그렇고, 자라 온 이야기 쓰기를 할 때도 '겪은 이야기'를 솔직하게 쓰라고 가르친다.

문예부 아이들이나 문예창작과를 지망하는 아이들은 한사코 '꾸며 낸 이야기'에 매달린다. 그런 글을 읽어 보면 이야기에 아이들 삶이 빠져 있는 수가 많다. 그럴 수밖에 없는 까닭이, 어른들 소설을 흉내 내서 글을 쓰기 때문이다. 그러니 자기 삶을 담아내지 못한다. 말 또한 아이들 말이 아니다. 온통 훈련에서 나온 겉치레 말이다. 겉으로는 그럴듯해 보일지 몰라도 몸에 맞지 않은 옷을 걸친 느낌이다. 다음은 문예부 아이가 쓴 '꾸며 낸 이야기' 한 대목이다.

황토빛 녹이 슨 문을 열고 아빠가 들어왔다. 추위를 가득

몰고 온 아빠의 회색 점퍼에서 시린 겨울 냄새가 났다. 집으로 돌아오자마자 가슴에 품어 온 검은 비닐봉지를 겹겹이 풀어 내용물을 꺼내었다. 양파처럼 한 장씩 벗겨지던 비닐봉지는 아빠가 몰고 온 옅은 바람으로 인해 여기저기 흩어졌다. 투명한 봉투에 담긴 뼈는 아직까지 핏기가 돌고 있었다. 아빠는 굳은살 박인 손가락을 덜덜 떨며 봉지를 풀었다. 그리고는 잘 손질된 뼈를 베란다로 가져가서 수도를 켜고 빠득거리는 소리를 내며 씻어 냈다.

"이번엔 무슨 뼈야?"

"노루."

헛기침을 한 아빠가 미간을 찌푸렸다. 연분홍빛 물을 머금은 하수구가 콜록거리며 물방울을 토해 냈다. 아빠는 쭈그려 앉은 채 뼈를 닦아 내면서 몇 번이고 점퍼 소매로 코를 닦아 냈다.

아빠는 인형 제조자였다. 구체관절인형처럼 사람과 비슷한 모양의 인형을 만드는 데에는 아빠를 따라올 자가 없었다. 작업실에 들어가면 아빠의 명함 한 통, 인터넷 쇼핑몰과 제조업체들의 명함이 수두룩하게 쌓여 있었다. 그중에서 금색으로 프린트된 명함 한 뭉치가 따로 덩그러니 놓여 있었다. 최근에 아빠가 일하게 된 회사라고 했다. 그

명함에는 '㈜인형 제조업'이라는 간단한 회사명만이 적혀 있었다. ○○고 2학년 〈인형 제조자〉의 한 대목

아이들 글에는 자기 삶과 자신의 생생한 목소리가 담겨야 하지 않을까? 교육의 장에서 함께 활동하는 글쓰기는 꾸며 낸 이야기보다는 겪은 이야기를 쓰는 것이 좋다고 생각한다. 내가 겪은 일이 가장 좋은 글감이다.

성장소설 쓰기

글을 쓰는 단계에서 마음 쓸 일 가운데 하나가 얼거리(개요)를 짜는 일이다. 이것은 따로 지도하지 않고 아이들에게 맡긴다. 아이들이 글 쓸 양식을 미리 인쇄해서 나눠 주는데, 맨 윗부분에 빈칸을 질러 놓아 그 속에 얼거리를 짜게 한다. 형식은 자유롭다. ①②③④ 번호를 매겨도 좋고, 생각그물(마인드 맵)을 그려도 좋고, 열쇠 말만 쭉 나열해도 좋고, 처음 – 중간 – 끝으로 짜도 좋다고 한다. 어떤 방식이든 좋으니 얼거리를 자유롭게 짜 보라고 한다.

앞뒤로 이어지는 사건이 없는 단편적인 사건 하나는 서사 구조를 갖추지 못한다. 아이들이 쓴 글을 보면 이야기글 꼴을

갖추지 못한 것이 더러 있다. 예를 들자면, 물놀이하다 물에 빠졌는데 아버지가 구해 준 사건, 자전거 타다가 넘어져서 팔이 부러졌던 일, 시골 할머니 집에 가서 화장실에 빠졌던 경험, 이웃집 초인종 누르고 도망쳤던 장난, 자동차 사고로 병원에 입원했던 일과 같은 이야기가 그랬다. 이런 글은 사건의 연속성이 없다. 이야기는 꼬리를 무는 사건이 처음과 중간과 끝으로 이어져서 하나의 큰 덩어리가 될 때 비로소 제 꼴을 갖추어 드러나게 된다. 이 점은 글감을 고르는 단계에서 미리 지도하는 것이 좋다. 처음도 없고 끝도 없는 사건 하나만 가지고 쓰면, 그 뒤에는 꼭 어설프게 감상이나 주장이 뒤따른다. 글을 마무리 짓자니 어쩔 수 없는 노릇이다.

그리고 시작은 교실에서 한다. 미리 준비한 용지를 나눠 주고 한 시간 쓴다. 대부분 한 시간 가지고는 모자란다. 그러면 집에 가서 마저 완성해서 다음 날 내라고 한다. 내가 마련한 용지는 칸을 지르지 않고, B4용지에 가로줄만 그은 공책 양식이다. 앞뒤 양면 인쇄해서 한 장씩 나눠 주고, 더 필요하다고 하면 석 장이고 넉 장이고 자유롭게 갖다 쓰게 한다. 이 글 끝에 용지 양식을 소개해 놓았다. 양식 뒷장 맨 아래쪽에 있는 평가 잣대는, 성장소설 쓰기를 수행평가로 할 때 아이들에게 미리 알려 주는 잣대이다. 점수를 더 세분화하고 싶으면 평가 눈금을 더 잘게 나누면 된다.

수행평가

성장소설 쓰기는 수행평가로 더없이 좋은 영역이다. 과정 중심 평가라는 수행평가 본뜻에도 어긋나지 않고, 무엇보다 이제껏 우리 국어 교육에서 소홀하게 다루어 왔던 글쓰기를 제대로 할 수 있어서 좋다. 아이들 만족도도 꽤 높은 편이다.

이번 학기 수행평가는 성장소설 쓰기로 한다고, 첫 시간에 계획을 알려 주고 시작한다. 수행평가 세부 항목도 미리 알려 준다. 그리고 여기 보기글로 내보인 글들 정도면 모두 100점이라고 밝혀 둔다. 평가 세부 항목을 소개해 보기로 한다.

1. 서사문 요건을 갖추었는가?

1) 시간과 장소가 뚜렷한가?

2) 주고받은 말을 잘 살려 썼는가?

3) 생각 흐름이 들어 있는가?

4) 묘사가 하나 이상 들어 있는가?

5) 설명하는 글로 흐르지 않았는가?

이 다섯 가지를 두루 갖추었으면 40, 이 가운데 넷을 갖추

었으면 35, 셋을 갖추었으면 30, 둘을 갖추었으면 25, 하나 갖
추었으면 20이 된다.

2. 자세하게 썼는가?

1) 이야기를 끝까지 마무리 지었는가?

2) 읽으면 장면이 환하게 그려지는가?

3) 정성껏 썼는가?

이 셋을 모두 갖추었으면 30, 둘을 갖추었으면 25, 하나를
갖추었으면 20.

3. 감동을 주는 이야기인가?

감동이란 말이 참으로 종잡을 수 없는 요소이기에, 아이들
도 어떤 이야기라야 감동 있다고 말할 수 있는지 물어 온다. 그
러면 감동을 주는 요소 세 가지 정도를 말해 준다. '읽으면 참
그렇구나! 하고 울림이 일어나는가?' '공감하는 이야기인가?'
'재미있는 이야기인가?' 그런데 이 셋을 또렷하게 가려내기가
쉽지 않다. 실제 평가해 보면 감동이나 공감, 재미의 정도에 따
라 '상 – 중 – 하'로 매기게 된다. 재미(감동, 공감)있는 이야기
이면 30, 밋밋한 이야기이면 25, 시시한 이야기이면 20.

제목 _____

학번: 이름:

========= 얼거리 짜기 =========

평가 잣대	평가 눈금					점수
서사문 요건을 갖추었는가? (형식 40%)	40	35	30	25	20	
자세하게 썼는가? (태도 30%)	30		25		20	
감동을 주는 이야기인가? (내용 30%)	30		25		20	

성장소설 쓰기 수행평가 평가 기준

9

쓰고 나서

아이들 글을 귀하게 여겨야

아이들이 쓴 생생한 글을 읽다 보면, 나도 모르게 아이들 이야기에 마음이 빨려 들어간다. 친구를 따돌리거나 따돌림당했던 이야기, 선배나 같은 반 친구들에게 맞으면서 힘들게 지낸 이야기, 엄마가 집을 나가고 동생들 돌보며 지낸 이야기, 구치소에 갇힌 엄마 면회 간 이야기, 선생님이나 어른들에게 당한 억울한 이야기, 이런 이야기를 읽다 보면 나도 모르게 눈물이 그렁그렁해진다. 아이들 이야기 대부분이 아직 아물지 않은 상처를 조심스레 꺼내 보인 글들이다.

이런 아이들 글을 읽어 본 사람들이 내게 글쓰기 지도를 어떻게 하느냐고 물어 올 때가 있다. '아이들이 어떻게 그런 깊은 상처나 비밀까지 솔직하게 털어놓느냐?' '고등학교 아이들이 글을 쓰라고 하면 쓰느냐?' '공부 시간에 글 쓸 틈이 나느냐?' 그런 질문에 나는 이렇게 답하고 싶다. '아이들 글을 귀하

게 여기자.' '아이들 글을 좋아하자.' '아이들 말에 마음을 열고 귀 기울이자.'

나는 아이들 글을 읽고 댓글 써 주는 일을 즐겨 한다. 아이들이 쓴 글을 읽고 댓글을 달다 보면, 그 아이가 이전과는 다르게 느껴진다. 이런 상처를 안고 있었구나, 보기와 달리 이런 진정한 마음도 가졌네, 이 아이야말로 이야기꾼이고 시인이구나 싶으면서 글 쓴 아이가 새롭게 다가온다.

아이들에게 내가 쓴 댓글을 읽어 주기도 한다. 아이들은 귀담아듣는다. 글에 담긴 아이들의 진실을 읽어 줄 때 아이들과 깊이 마음으로 만나는 것 같다. 이것이 글을 또 쓰게 하는 힘이라고 생각한다.

이야기 나누기

자라 온 이야기의 주인공은 바로 아이들이다. 아이들은 자기가 주인공으로 등장하는 이야기를 쓰고 또 함께 나누면서, 자신과 자신의 삶이 귀한 줄 알게 된다. 말하자면 자기 존중감 같은 것이 생기는 것 같다. 공부 시간에 아이들이 쓴 글을 자주 읽어 준다. 말하고 싶지 않은 아픈 상처를 드러내 보인 글은, 먼저 글 쓴 아이에게 허락을 얻어서 이름을 밝히지 않고 읽어 준다. 읽고는 함께 이야기를 나눈다. "우리 바로 옆에 이런 친구가 있는 줄 몰랐다." "나만 힘든 게 아니란 걸 알았다." "힘든 상황에서도 꿋꿋한 모습이 보기 좋다. 참 대단한 친구다." "옆에 이야기를 들어 주는 좋은 친구가 있어 다행이다." 아이들은 이런 따뜻한 말로 친구 이야기에 공감해 준다.

글을 쓰는 과정에서 얻는 것도 있지만, 쓴 글을 함께 읽고 이야기 나누는 과정에서 얻는 것 또한 크다. 친구가 쓴 이야기를 들으면서 자기와 처지가 다르지 않다는 것도 느끼고, 어머니나 아버지 없고 가난한 게 나만 그런 것이 아니구나 싶기도 하고. 처지가 비슷하니까 서로 다독거려 주기도 하고. 친구들 삶에 비추어 내 삶을 살피기도 하고. 그러면서 아이들 마음이 조금씩 자라지 싶다. 자라 온 이야기 쓰기는 아이들 마음을 자라게 하는 좋은 공부다.

글을 쓰면서 아이들 마음도, 교사도 자란다

아이들과 글쓰기를 하려면 교사가 먼저 글을 써 보라고 권하고 싶다. 스스로 써 보지 않고서 아이들더러 글을 쓰라고 할 수 있을까? 교사도 꾸준히 교실 이야기를 기록하면 좋다. 교사가 쓴 글도 아이들 글쓰기를 이끄는 좋은 보기글이 된다. 마음을 담아 쓴 글을 읽어 주면 아이들 눈이 빛난다. 숨죽이고 들어 준다. 교사가 글을 써야 하는 중요한 까닭이 하나 더 있다. 바로 교사 자신의 성장을 위해서다. 어떤 분야에서건 제아무리 재주가 뛰어나다 하더라도 꾸준하게 기록하는 사람을 당해 낼 재간은 없다. 글을 쓰는 교사는 깊고 넓게 성장한다. 내가 아이들과 하는 글쓰기는 교사와 아이가 함께 쓰고, 함께 성장하는 글쓰기다.

다음 글 〈정수 이야기〉는 내가 쓴 글이다. 한 아이가 글을 쓰면서 어떻게 성장해 가는지 살펴볼 수 있는 기록이다.

정수 이야기
구자행

3월 2일, 3층 2학년 6반 교실로 올라갔다. 몇몇 아이들이 문밖까지 나와서 자기 반 담임으로 누가 올지 기다리고 있다. 2학년 6반으로 들어서자 아이들이 손뼉을 치면서 정말 따뜻하게 나를 반겨 준다. 참 고맙다. 고맙다는 마음이 절로 인다. 나도 웃으면서 들어섰다. 나도 모르게 환한 웃음이 나왔다.

준비해 간 사물함 이름표를 한 사람, 한 사람 이름을 부르면서 나누어 주었다. 이름표 꽂이에 맞게 치수를 재어서 미리 비닐 코팅까지 해 두었다. 그냥 주는 것이 아니라 한 사람씩 꼬옥 안아 주면서 "같은 반이 돼서 참 좋아. 잘 지내자" 하면서 등을 토닥거려 주었다. 아이들도 "저도 좋습니다" 하면서 받아 준다. 그렇게 서른아홉 명을 차례로 안아 주었다.

다른 반은 서른 남짓 되는데 우리 반만 서른아홉이다. 2학년 여덟 반 가운데 남학생이 세 반인데, 그 가운데 두 반은 이과고 우리 반만 문과다. 지난해 1학년 했던 다른 선생들 말을 빌면, 말도 못 할 농땡이들이고, 이른바 문제아들만 문과에 다 모였다는 것이다. 내가 받은 첫 느낌은 전혀 아니다.

식당에 점심 먹으러 가는데 2학년 여학생 하나가 쪼르르 다가오더니 이렇게 묻는다.

"샘, 전 3반인데 우리 반 수업 들어오세요? 근데 샘, 반 아이들한테 뽀뽀했다면서요?"

아침에 아이들하고 인사하면서 안아 줄 때, 몸을 뒤로 빼는 아이한테 볼때기에 뽀뽀까지 해 주었다. 대답은 안 해 주고 그냥 웃기만 했다.

또 한 남학생이 다가오더니 이렇게 말한다.

"샘, 샘 반에 백산이 있지요? 김백산."

"그래."

"글마 1학년 때 머리 때문에 담임샘한테 스트레스받아서 전학 갈라 했는데, 이제 전학 안 간대요."

아까 둘째 시간, 우리 반 문학 시간에 들어가니 백산이는 맨 앞줄에 앉아 있었다.

"너 머리가 곱슬이라 신경 쓰이겠구나."

"예."

"지금 모양이 참 좋은데. 이걸 펴자면 뒷머리가 이렇게 늘어질 수밖에 없겠구나?"

"예."

"1학년 때 지적 많이 당했겠네?"

"예."

"자연스러운데, 내 눈에는 조금도 거슬리지 않는데."

백산이는 심한 곱슬머리다. 미장원 가서 스트레이트파마를 해서 폈단다. 그러니 뒷머리가 자연 길게 늘어질 수밖에 없다. 그런데 뒷머리가 길다고 담임이 다그쳤던 모양이다.

다섯째 시간 마치고 청소 시간, 교실로 올라가자 한 아이가 나를 찾아왔다.

"선생님, 드릴 말씀이 있는데요."

"그래."

그 애를 데리고 복도로 나왔다.

"저 보충수업이랑 야자 못 해요. 1학년 때도 안 했어요."

얼굴빛은 까무잡잡하고 허우대가 좋고 다부진 체격에 목소리에 힘이 있다.

"왜? 무슨 사정이 있나 보구나."

"어머니가 안 계시고, 아버지가 집에서 놀고 있어 제가 알바해서 생활하는데요. 보충 하고 가면 알바 시간에 늦어요."

"무슨 일 하는데?"

"통닭집에서 오토바이 배달 해요."

"오토바이? 위험하지는 않나?"

"괜찮아요. 몇 번 사고가 나긴 했어도 배달을 해야 돈을 더 받아요."

"그렇구나. 알바는 언제부터 했노?"

"1학년 초부터 했어요."

정수 말을 듣고 있자니 내가 작아지는 기분이다. 벌써 철이 들었구나 싶다. 모진 풍파를 헤치고 나온 자신감이랄까. 당당함이 느껴진다.

"그래. 그래도 오토바이 조심해서 몰아라."

정수는 4월에 자라 온 이야기 쓰기 할 때, 아버지 이야기를 썼다.

어렸을 때, 내가 여섯 살 때 우리 식구는 풍족하지는 않지만 화목하게 지냈던 것 같다. 우리 식구가 불행을 맞이하게 된 건 형이 초등학교에 들어가면서부터인 것 같다. 어머니는 나와 형에게 남들보다 더 좋은 옷, 더 좋은 음식, 우리가 가지고 싶은 것을 다 해 주려고 하셨다. 그러다 보니 메이커 옷도 사 주시고 외식도 자주 하게 되었다. 그러다 보니 적은 수입에 돈은 많이 나가게 되고 그것 때문에 아버지와 어머니 사이에 갈등이 생겼다.

그 일은 서로 양보해서 좋게 끝났지만 우리 형이 초등학교 2학년이 되던 해 또 두 분 사이에 갈등이 생기게 되었다. 우리 형 학교생활을 편히 하고 불편한 점을 없애 주려고 그랬는지 어머니가 형 담임선생님에게 흰 봉투를 몇 번 가져다주신 적이 있었다. 그걸 아버지가 아시게 된 것이다. 의처증이 심하셨던 아버지는 어머니가 학교 선생과 바람을 핀다고 생각하고 어머니에게 폭력을 행사했던 기억이 아직까지 생생하다. 그때는 나와 형이 아직 어렸기 때문에 아버지가 어머니를 때리면 방에 들어가 구석에서 울기만 했다.

그렇게 어머니는 몇 년 동안 이어지는 폭력을 견디지 못하시고 내가 초등학교 2학년이 되던 해 집을 떠나셨다. 어머니가 집을 나서기 전에 나를 끌어안고 한참을 우셨던 게 기억난다. 지금도 그날만 생각하면 죽을 듯이 가슴이 미어진다. 어머니가 집을 떠나고 난 뒤 아버지는 우리 두 형제에게 굉장히 무관심하게 되었다. 내가 아파도 병원에 간 적이 없고 학교 일에도 일체 무관심이었다.

아버지가 우리에게 다시 관심을 가지게 된 것은 내가 초등학교 4학년 때 도둑질을 하다가 학교 선생님에게 잡히면서부터인 것 같다. 아버지가 하루에 용돈을 5백 원씩 주고 가셨는데 날마다 우리 형이 내 걸 뺏어 가서 나는 항상 돈이 없었다. 그 나이 땐 과자도 먹고 싶고, 친구들과 오락실도 가고 싶은데, 돈이 없어서 못 하니 도둑질을 배우게 된 것이다. 학교 친구들 돈을 굉장히 많이 훔쳤다. 꼬리가 길면 잡히는 법. 결국 담임선생님에게 들키고 말았고, 아버지가 학교에 오시게 된 것이다. 집에 가서 호되게 혼날 것이라 겁먹고 있었는데 집에 오자 아버지가 나를 불러 앉혀 놓고 먼저 미안하다고 하셨다. 못난 아버지 잘못이라고 나를 끌어안아 주셨다. 그때는 어려서 혼나지 않았다는 사실에 기뻐했지만 지금 생각하면 눈물이 핑 돈다. 신정수

〈아버지의 폭력〉, 2006년 4월 11일

정수 글을 읽고 정수를 더 잘 알게 되었고, 정수에게 마음이 다가가 서로 가까워졌다. 5월 8일, 어버이날에 정수가 교무실 내 자리로 내려왔다.

"선생님, 오늘 조퇴 좀 해 주세요."

"왜? 무슨 일 있나?"

"아니, 엄마한테 가 볼려고요."

"엄마한테? 만나기로 했나?"

"아뇨. 엄마 집에 갔다 올려고요."

"엄마 어디 사시는데?"

"기장에 사시는데, 가도 만나지는 못해요."

"그런데 왜 가려고?"

"엄마가 일하고 늦게 와서 만나 보지는 못해도 그냥 꽃 한 송이 방에 넣어 놓고 올라고요."

정수는 덤덤하게 말하는데 정수 말을 듣고 있는 내 마음이 짠하다.

"효자구나. 갔다 오면 오늘 배달 바쁘겠구나."

하루가 끝나는 시간

비 오는 밤

나는 우산을 들고 집을 나선다.

힘없는 걸음으로 집 근처 육교에 올라

하늘을 바라본다.

불빛 한 점 없는 하늘

아주 작은 빛도 보이지 않는 하늘

빛을 찾으려 해도

빗방울이 방해를 놓는다.

집으로 향하는 발걸음

늦은 밤 학원을 다녀온 아들과

마중 나와 함께 들어가는 어머니의 모습이 보인다.

나는 홀로 어두컴컴한 대문으로 들어선다. 신정수 〈비 오는 밤〉,

2006년 5월 30일

내 앞에서나 친구들 앞에서는 언제나 꿋꿋했지만, 정수라
고 슬픔을 못 느낄 리 없다. 이 시를 읽으면서 나도 모르게 눈
물이 났다. 정수는 늦은 시간, 비 오는 밤에 우산을 들고나왔다.
그냥 무작정 동네 한 바퀴 도는 게, 허전한 마음을 달랠 길 없을
때 하는 버릇이겠지. 늦은 밤 학원을 다녀온 아들과 마중 나와
함께 들어가는 어머니의 모습이 얼마나 부럽고, 또 얼마나 어
머니가 그리웠을까.

아버지와 함께 불고기집을 갔다.

내가 가기 싫다는 걸 아버지가 억지로 끌고 왔다.

주문한 고기가 나오고

아버지는 말없이 고기를 구우셨다.

아버지는 굽기만 하고 나는 먹기만 했다.

화장실을 다녀오다가

술 한 잔에 고기 한 점 드시는

아버지의 뒷모습을 보았다.

내가 자리에 앉으니 또 고기를 굽기 시작하셨다.

미안한 마음에 상추에 고기를 싸서 먹여 드렸다.

"우리 아들이 싸 주는 고기가 제일 맛있네."

환한 웃음과 함께 툭 던지는 한마디.

그 웃음이 그렇게 쓸쓸해 보일 수가 없었다. 신정수 〈아버지〉,

2006년 7월 13일

정수에게 허락을 얻어서 정수가 쓴 글들을 우리 반에서도
읽어 주고, 다른 반에 가서도 읽어 주었다. 아이들과 글쓰기를
해 보면, 자기 이야기를 정직하게 쓰기는 해도 아픈 이야기를
드러내 보이기는 꺼린다. 그러다가도 용기를 내어 다른 친구들
에게 읽어 보이고 나면 후련하다고 한다. 도리어 그것이 자기

를 존중하는 마음을 지니게 하고, 글을 또 쓰게 하는 힘이 되는
듯하다. 다른 아이들도 친구를 더 깊이 알고 이해하게 된다. 나
도 아이 글을 읽고서 아이를 알게 되면, 복도에서 마주칠 때 느
낌이 다르다. 또 아이가 어떤 잘못을 해도 화가 나지 않고 이해
하는 마음을 내게 된다. 나는 이게 글쓰기 공부의 힘이라 생각
한다.

집에 도착하면 11시. 형은 아르바이트를 가고 집에 없고
아빠는 홀로 집을 지키고 있다. 씻고 공부하려고 식탁 앞
에 앉으면 아빠의 한숨 섞인 푸념 소리가 내 귀를 울린다.
"아침부터 니 형이 열받게 하던데……"로 시작해서 이런
저런 욕들이 끝이 없다. 듣고 있으면 짜증이 치밀어 올라
서 "그만하고 그냥 자라!" 이렇게 아버지에게 고함을 지른
다. 그럼 아빠는 나에게 싸가지 없는 새끼라고 투덜거리며
방으로 들어간다.
새벽 2시쯤 넘으면 형이 온다. 형에게
"아침에 아빠랑 싸웠나?"
물어봤더니
"있다이가"로 시작해서 끝이 없다.
또 짜증이 나서

"아! 됐다. 닥치고 자라."

이렇게 쏘아붙이고 옷을 입고 밖으로 나온다. 밖으로 나와서 담배 하나 물고 조용한 새벽 동네를 돌아다닌다. 걸으면서 여러 가지 생각을 정리한다. 도대체가 하루에 얼굴 보는 시간이 한 시간 될까 말까 한데 그 짧은 시간에 날마다 그렇게 다툴 수가 있을까?

문제점을 생각해 본다.

우선 형.

내가 우리 식구 중에서 제일 싫어하고 증오하는 인간이다. 어릴 때부터 나를 많이 때려서 싫었고, 지금은 존재 그 자체로 싫다.

여름에 땀 흘리고 와서 씻지도 않고, 냄새나고, 살은 디룩디룩 쪄 있고, 아르바이트해서 번 돈으로 날마다 술이나 처먹고 다니고, 내 옷을 지 것처럼 입고 다니고, 내가 먹을 거 사다 놓으면 지가 다 처먹고, 다 말하자면 너무 길다. 하여튼 싫다.

그리고 아빠.

답답하다. 보고 있으면 형이랑 똑같다. 맨날 형보고 "저 새끼는 누굴 닮아서 저러는지." 이 말을 들으면 어이가 없다. 내가 볼 땐 부전자전이다. 날마다 알바 일하고 밤늦게까지 공부해야 하고 안 그래도 지금 내 스트레스는 장난이 아 닌데. 식구들까지 저 모양이니 참 살맛 안 난다. 신정수 〈식구〉, 2006년 9월 16일

2학기 들어 정수는 한 달 넘게 다리에 깁스를 하고 다녔다. 통닭집 배달 알바를 하다가 오토바이 사고가 났다. 급하게 배달 가다가 넘어진 것이다. 뼈에 금이 간 것 말고는 크게 다치지 않아 그나마 다행이었다. 그런데 통닭집 주인이 치료비는 고사하고 오토바이 부서진 것까지 정수한테 물어 달라고 한단다. 그 일로 정수가 크게 낙심해 있었다. 화가 나서 통닭집 주인에게 전화했다. 사고 경위를 들어 보고 나서, 사고야 정수가 냈지만, 배달 일 하다가 사고가 났으니 사고 수습을 주인이 해 주어야 하는 것 아니냐고 따졌다. 오토바이 수리비는 주인이 부담하기로 했다.

식구들 간의 사랑이란 무엇일까? 서로 챙겨 주는 것? 걱정해 주는 것? 힘들 때 서로 기대어 의지하는 것? 맞는 말이다. 그럼 효도란 무엇일까? 나쁜 짓 하지 않고 부모님 속 안 썩이는 것? 건강하게 잘 커 주는 것? 이것도 다 맞다. 하지만 내가 생각하는 사랑과 효도는 다르다.

중학교 때 아버지가 하던 사업이 망해서 우리 집은 아주 가난하고 힘겨웠다. 제대로 된 옷, 신발 하나도 못 사 주는 아빠가 싫었고 원망도 많이 했다. 아빠에 대해 반감을 갖게 되고 반항도 심해졌다. 가난한 집이 싫었고 이렇게 된 원인인 아빠가 싫었다.

고등학교를 와서 여러 가지 아르바이트를 했다. 용돈도 내가 벌어 쓰고 학비도 내고 집안까지 책임져야 할 정도로 우리 집에서 나의 비중이 커졌다. 아빠는 사업에 실패하고 몇 년간 일을 하지 않았다. 그러다 보니 내가 우리 집의 가장인 양 그렇게 되어 버렸다. 아빠, 가장의 권위를 무시하고. 내가 왕인 것처럼.

내가 일하면서 학교 공부도 하고 여러모로 스트레스가 많이 쌓였고 그 화살을 아빠에게 돌렸다. 날마다 짜증 내고 투덜거리고 대놓고 아빠를 무시하기도 했다. 아빠가 나에게 부탁을 하면 실컷 짜증 내고 욕하고 난 뒤 그 부탁을 들어주기도 하고 그랬다.

고3이 다 되어 가면서 공부를 해야 되겠다는 마음이 들었고 아르바이트를 그만두게 되었다. 내가 일을 그만두면 집에 돈줄이 끊기기에 아빠보고 제발 일 좀 하라고 윽박질렀다. 그럴 때마다 아빠는 아무 말도 안 하고 벼룩시장만

들여다보았다. 그런 모습이 더 짜증이 났다.

하루는 아침에 눈을 떴는데 아빠가 안 보인다. 아침부터 어딜 나갔는지 짜증이 났다. 아침을 먹으려고 식탁에 앉았는데 웬 쪽지가 눈에 들어온다.

'정수야, 아빠 일하러 가니까 밥 먹고 학교 가거라.'

아빠가 드디어 일하러 간다는 말에 기분이 좋았다. 기쁘게 학교로 갔는데 한 시간, 두 시간, 시간이 지날수록 마음 한 구석이 불안해졌다. 혹시 다치지는 않았는지, 밥은 먹었는지, 추운데 옷은 따뜻하게 입었는지. 한 번도 이런 걱정 해 본 적 없는데 이상했다.

학교를 마치고 집으로 잽싸게 달려왔다. 집 앞 대문에 서니 썰렁한 느낌을 받았다. 대문 안으로 들어서니 찬바람이 휑하니 분다. '아, 내가 어딜 다녀왔을 때 나를 반겨 줄 사람이 없는 게 이런 착잡한 기분이구나' 생각했다.

저녁도 먹지 않고 아빠를 기다렸다. 밤늦게 아빠가 무척 피곤해 보이는 얼굴로 돌아왔다.

"어디 갔다 왔노?"

"노가다 하러."

"할 만하더나?"

아무 말 없이 방으로 들어간다.

"밥 먹었나?"

"……."

아무 말 없이 이불을 펴고 눕는다.

"안 먹을 끼가?"

"아빠 아프다. 말 걸지 마라."

"알았다."

방문을 닫고 나가려는데

"밥 챙겨 먹고 어디 나가지 마라."

아빠의 힘없는 목소리다. 문을 닫고 내 방으로 와서 주섬
주섬 옷을 입는다. 큰방으로 가서 아빠에게 물었다.

"약 사 올까?"

"됐다. 빵이랑 우유나 사다 도."

바로 슈퍼로 뛰어갔다. 너무 길게 느껴졌다.

빵과 우유를 사 들고 집으로 왔다. 잠든 듯한 아빠. 아빠를
깨워서 빵이랑 우유 먹으라고 한 뒤 나는 집을 나섰다. 슈
퍼에 들러서 소주 한 병을 사 들고 놀이터로 갔다.

마음이 이상했다. 아빠가 아픈 건데 내가 왜 이래 아픈지.
차라리 내가 아팠으면. 내가 괜히 일하러 가라고 해서 아
픈 거라며 죄책감을 느꼈다. 아빠도 내가 아팠을 때 이랬
을까. 능력 없는 자신을 원망했겠지. 내가 지금 이런데 아

빠는 그때 어떤 마음이었을까. 가슴이 찢어졌다. 정말 태어나서 처음으로 이런 식으로의 아픔을 겪었다. 아무 생각 없이 눈물만 흘렀다. 나는 지금까지 내가 효자라고 생각했다. 돈 벌어다 주고 공부 열심히 하고 착하게 살아온 게 효도라 생각했다. 신정수 〈아버지〉, 2006년 12월 10일

여러 해 쉬다가 드디어 아버지가 일을 하고 돌아온 저녁. 끙끙 앓으며 누운 아버지에게 빵과 우유를 사다 드리고, 다시 나와 슈퍼에서 소주 한 병 사 들고 놀이터로 간 정수. 이 글을 읽으면서 가슴 한 곳이 뻐근했다.

그렇게 그해 겨울은 지나가고 정수가 3학년이 되었을 때, 나는 학교를 옮겼다. 떠나기 전에 아이들 글을 모아 문집을 엮어서 나눠 주었다. 문집에 실은 글 덕분에 정수가 지혜랑 사귀게 됐다는 이야기를 전해 들었다. 정수가 초등학교 2학년 때 어머니하고 헤어져 아버지와 살아왔는데, 일곱 살 때 엄마 아빠가 이혼하고 아버지랑 살아온 지혜 이야기를 읽고 지혜 교실로 찾아가서 그랬단다. "지혜야, 술 한잔하자." 그렇게 해서 둘이 사귀게 되었다는 이야기. 엄마 없이 자란 슬픔이 얼마나 처절했을까. 그 슬픔을 누구보다 잘 알기에 비슷한 처지로 자라 온 지혜 마음을 위로해 주고 싶었겠지.

정수가 쓴 글을 차례로 읽다 보면, 조금씩 달라져 가는 정수 마음을 엿볼 수 있다. 처음에는 아버지와 형을 미워하는 마음이 곳곳에 나타난다. 대들고 고함지르고 제구실 못 하는 사람이라 구박하고 무시한다. 그러다가 조금씩 아버지가 보이기 시작한다. 어느 순간 아버지의 쓸쓸한 뒷모습이 눈에 들어오게 되고, 아버지의 아픔이 곧 내 아픔이란 걸 몸으로 느끼기까지 한다.

돌아보니 담임으로 정수에게 아무것도 해 준 게 없는 것 같아 미안하다. 그저 옆에서 가만히 지켜봐 준 것밖에 없다. 그 뒤에 정수가 어떻게 지내나 들어 보니 고등학교를 졸업하고 어머니랑 둘이 함께 산단다. 아버지와 형이 같이 살고 정수는 어머니랑 살면서 가끔 아버지를 찾아간다고 했다. 그 말이 반갑고도 참 마음 아팠다. 2007년 6월

출처

19쪽   이승희, 〈자기 삶을 제대로 만나게 해 주는 일기 쓰기〉, 《우리 말과 삶
        을 가꾸는 글쓰기》 2008년 8월호, 한국글쓰기교육연구회, 125쪽.

19쪽   하이타니 겐지로, 《나는 선생님이 좋아요》, 양철북, 114쪽.

45쪽   최시한, 《소설, 어떻게 읽을 것인가》, 문학과지성사, 62쪽.

119쪽   이오덕, 《글쓰기, 이 좋은 공부》, 양철북, 186~195쪽, 206~222쪽
        참조.

124쪽   이오덕, 《글쓰기, 이 좋은 공부》, 양철북, 189쪽.

140쪽   이오덕, 《우리 문장 쓰기》, 한길사, 267쪽.

국어 시간에 소설 써 봤니?

1판 1쇄 2021년 6월 28일

글쓴이 구자행
펴낸이 조재은
편집 김명옥 김원영 구희승
디자인 석윤이 이춘희 육수정
마케팅 조희정 유현재

펴낸곳 (주)양철북출판사
등록 2001년 11월 21일 제25100-2002-380호
주소 서울시 마포구 양화로8길 17-9
전화 02-335-6407
팩스 0505-335-6408
전자우편 tindrum@tindrum.co.kr

ISBN 978-89-6372-357-0 04370
ISBN 978-89-6372-359-4 04370 (세트)
값 14,000원